Dienstmädchen, Ehefrauen und Junggesellen

Amelia E. Barr

Writat

Diese Ausgabe erschien im Jahr 2023

ISBN: 9789358811841

Herausgegeben von
Writat
E-Mail: info@writat.com

Inhalt

Dienstmädchen und Junggesellen

FRAUEN , die sich aus religiösen Gründen dem Zölibat verschrieben haben, haben zu allen Zeiten und in allen Ländern der Welt Ehre erhalten, aber diejenigen, denen das Zölibat entweder durch den Einfluss ungünstiger Umstände oder als Folge eines Mangels oder einer Torheit in ihnen selbst aufgezwungen wurde , waren Gegenstand höchster unverdienter Verachtung und Abneigung. Unverdient, denn man kann allgemein behaupten, dass bis zur letzten Generation keine Frau im weltlichen und gesellschaftlichen Leben aus Verlangen oder aus Überzeugung unverheiratet geblieben ist. Sie war das Opfer eines natürlichen Nachteils oder eines unglücklichen Umstands, der außerhalb ihrer Kontrolle lag, und hatte daher Anspruch auf Mitleid, nicht aber auf Verachtung.

Natürlich gibt es viele hübsche Mädchen, die alle Vorteile einer Ehe zu haben scheinen und dennoch ins Jungfernalter abdriften. Die Mehrheit dieser Klasse war wahrscheinlich unvorsichtig und hat ihren Markt überzogen. Sie haben zu lange mit ihren Chancen gezögert. Plötzlich bemerken sie, dass ihre Schönheit verblasst. Sie bemerken, dass die geeigneten heiratsfähigen Männer, die in ihrer Jugend um sie herumlungerten, verschwunden sind und dass ihre Plätze mit bloßen unreifen Jugendlichen gefüllt sind. Dann erkennen sie ihre Fehler und bereuen es, dass sie dachten, „ein furchtbar dummes kleines Ding“ zu sein und „eine gute Zeit zu haben“, sei das Ende ihrer Existenz. Es folgen genug Kummer und Enttäuschungen, um sie zu bestrafen; Denn sie erraten bald, dass Frauen, wenn sie aufhören, Männer als Liebhaber zu haben, und von Schuljungen betreut werden, sich selbst bereits als alte Jungfern beschrieben haben.

Eng verbunden mit diesen Opfern von Torheit oder Gedankenlosigkeit sind die Frauen, die aufgrund ihrer übermäßigen Eitelkeit – oder natürlichen Grausamkeit – unverheiratet bleiben. „Meine Liebe, ich war vor dreißig Jahren grausam und seitdem hat mich niemand mehr gefragt.“ Dieses Geständnis einer Tante gegenüber ihrer Nichte ist zwar einem Theaterstück entnommen, aber wahr genug, um die wahre Geschichte so mancher alten Jungfer zu erzählen . Ihre Eitelkeit machte sie grausam und ihre Grausamkeit verurteilte sie zu einem einsamen, lieblosen Leben. Eine genaue Beobachtung der unverheirateten Frauen eines Bekannten wird jedoch die Tatsache offenbaren, dass die Mehrheit der alten Jungfern nicht aus den Reihen der dummen oder grausamen Frauen stammt. Männer haben in der Regel keine Abneigung gegen alberne Frauen; und durch eine weise Vorkehrung der Natur heiraten sie lieber hübsche, hilflose Geschöpfe, die sich nicht selbst helfen können. Auch sind grausame Frauen nicht allgemein unbeliebt. Manche Liebende lassen sich gerne brüskieren und schätzen eine Frau nicht, die sie nicht auf den Knien suchen müssten. Daher gibt es immer Chancen für die dummen und grausamen Frauen.

Es sind die schwachen, farblosen Frauen, die privat starke Vorurteile haben und sich öffentlich überhaupt nicht behaupten, die schon in der Jugend wenig Chancen haben. Entweder fehlt ihnen die Kraft, stark zu lieben, oder es fehlt ihnen die Kraft, ihre Gefühle auszudrücken. Sie haben nicht den Mut, einen entschiedenen Schritt zu tun. Sie sehnen sich nach Fortschritten, und wenn diese gemacht werden, schrecken sie davor zurück. Sie sind von Natur aus so schüchtern, dass sie jeden Schritt oder jede Bedingung fürchten, die eine positive und endgültige Veränderung darstellt. Wenn die Ehe einige Vorbehalte und Unsicherheiten hätte, einige Schlupflöcher, durch die sie sich als letzten Ausweg zwängen könnten, wären sie sich ihrer eigenen Wünsche sicherer . Das sind die Schwachköpfe der Misses, die den Vorwurf auf das weibliche Zölibat werfen.

Sie haben das Gefühl, dass ihnen in irgendeiner Weise missverstanden und Unrecht getan wurde, und schließlich betrachten sie alle anderen Frauen als ihre Feinde. Sie machen sich ständig Sorgen und ärgern sich, und die Sorge und der Ärger schärfen gleichermaßen ihre Gesichtszüge und ihr Temperament. Dann ist ihr Zustand gerade derjenige, der am meisten zu Klagen und gehässigem Klatsch anregt; und sie fallen in ihrer Schwäche und ihrem Verlangen nach Mitgefühl auf dieses Niveau. Dadurch wird der gesamten Klasse ein Ruf für böswillige Beschimpfungen verliehen, der ihr keineswegs zusteht. Tatsächlich sind verheiratete Frauen im Allgemeinen giftiger als alte Jungfern. Die Worte verheirateter Frauen haben größeres Gewicht und richten mehr Schaden an; denn sie können Vorschläge und Anschuldigungen machen, die eine alte Jungfer mit Anstand nicht vorbringen könnte. Der Klatsch einer alten Jungfer ist im Allgemeinen ohne absichtliche Böswilligkeit; sie hat nichts zu tun und möchte sich angenehm machen; während verheiratete Frauen, die viel anderes zu tun haben, im Allgemeinen aus purer Bösartigkeit von Skandal reden müssen.

Es gibt eine große Mehrheit der alten Jungfern, die aufrichtig respektiert werden müssen, und aus deren Zahl Männer mit Verstand und Intelligenz edle Frauen auswählen können. Sie sind die hübschen, reinen, vernünftigen Frauen, die zu bescheiden und zu weiblich waren, um in den gesellschaftlichen Rängen Fuß zu fassen. Sie haben in ihren eigenen Häusern und unter ihrem eigenen Volk gewohnt, und niemand hat sie aufgesucht. Sie haben gesehen, wie ihre Jugend verging und alle ihre unschuldigen Wünsche verblassten, und sie haben etwas erlitten, was nur wenige verstehen können, bevor sie jene Ruhe erreichten, die kein Gedanke an einen Liebhaber stört. Süße verblasste Blumen! Wie zärtlich sollten wir diese sanften Opfer jener bescheidenen Haushaltstugenden betrachten, die alle Menschen angeblich bewundern, die aber offenbar nur wenige in ihr eigenes Zuhause übertragen möchten.

Eine andere Klasse, die damit in gewisser Weise verwandt ist, besteht aus Frauen, die nie ihr Ideal gefunden haben und sich nie erlaubt haben, für einen anderen Mann Eigenschaften zu erfinden, die ihn zu ihrem Standard erheben würden. Und diese Frauen sind wiederum eng mit denen verbunden, die unverheiratet bleiben, weil sie sich nicht an Konventionen und soziale Regeln halten und dies auch nicht wollen. Sie sind klug und seltsam und werden es wahrscheinlich auch bleiben, besonders wenn sie den Männern – was sie höchstwahrscheinlich tun werden – den einen oder anderen Schritt im Voraus verweigern, der der einzige Weg ist, sie mit geistreichen oder intellektuellen Frauen zu versöhnen.

Diese unverheirateten Frauen sind meist Opfer natürlicher Besonderheiten oder von Umständen, die sie nicht zu vertreten haben. Aber innerhalb der letzten Generation haben sich die Bedingungen des weiblichen Zölibats stark verändert. Es ist eine Tatsache, dass Frauen sich heutzutage rücksichtsvoll und im ersten Glanz ihrer Jugend für diesen Zustand entscheiden. Einige haben aus der Hochkultur eine hohe Vorstellung vom Wert des Lebens und davon, was sie mit ihrem Leben anfangen sollten, übernommen; und sie werden die Tage ihrer Jugend nicht damit verschwenden , einen Ehemann zu suchen, um mit der Arbeit beginnen zu können. Andere haben eine starke Individualität und weigern sich, ihre Zeit in die Obhut eines anderen zu geben. Die Charakterstärke solcher Vorsätze führt natürlich zum Zölibat. Niemand außer einem sehr schwachen Mann würde sich von Frauen mit solch lebenswichtigen Zielen angezogen fühlen, und schwache Männer würden von so starken Frauen nicht toleriert werden.

Die Weisen und Nachdenklichen können solchen freiwilligen alten Jungfern durchaus die volle Ehre für ihre Absichten zuerkennen, denn die Allgemeinheit wird nicht an Vorsätze glauben, die so weit über ihrem eigenen Gewissen und ihrer Intelligenz stehen. Sie werden sich immer noch über ihren Zustand lustig machen und sich weigern, zuzugeben, dass es eine freiwillige Entscheidung ist. Sie werden ihnen die ermüdende alte Fabel vom Fuchs und den Weintrauben vorwerfen, während sie viel korrekter Sapphos Lied von den reifen Äpfeln zitieren könnten, die auf den obersten Zweigen der Apfelbäume zurückgeblieben sind: „Nicht weil sie von den Sammlern vergessen wurden, sondern weil *sie außerhalb ihrer Reichweite waren* .“

Im Einklang mit der neuen Entwicklung wird uns mitgeteilt, dass die Zahl der unverheirateten Frauen im Land stetig zunimmt. Aber dieser Zuwachs wird sich nicht auf die Dummen, Schwachen oder Grausamen des Geschlechts beschränken. Sie wird aus der Klasse von Frauen kommen, denen die Verbreitung von Bildung und Verfeinerung die Augen geöffnet hat; Frauen, die keine Angst davor haben, für sich selbst zu arbeiten, und die in der Tat nachdenklich zu dem Schluss gekommen sind, dass ihre eigenen Anstrengungen und ihre eigene Gesellschaft weitaus besser für sie sein werden als die Hilfe und Gesellschaft eines Mannes, der nicht vollkommen mit ihnen sympathisiert oder ihnen moralisch oder moralisch unterlegen ist geistiges Kaliber . Denn es ist nicht immer eine Pflicht zu heiraten; Aber es ist immer eine Pflicht, unserer höchsten Vorstellung davon gerecht zu werden, was richtig, edel und erhebend ist.

Aber aus welchem Grund auch immer die Frauen der gegenwärtigen und künftigen Generationen unverheiratet bleiben, sie werden sich vor dieser Situation nicht fürchten müssen, wie es unverheiratete Frauen früherer Generationen aus gutem Grund hatten. Jedes Jahr werden sie unabhängiger. Sie dringen ständig in neue Trades ein und erobern wichtigere Positionen. Sie leben in hübschen Gemächern; sie kleiden sich charmant; sie haben ein Bankkonto; sie gehen in ihrem eigenen Schutz in die Oper und ins Theater; und anstatt die bescheidenen, armen Verwandten verheirateter Schwestern und Brüder zu sein, sind sie jetzt ihresgleichen, ihre Gönner und ihre geehrten Gäste. Außerdem haben alte Jungfern begonnen, Romane zu schreiben; und in ihnen haben sie uns so exquisite Porträts ihres Ordens gegeben – Frauen, die so reich an jeder weiblichen Anmut sind –, dass wir fast gezwungen sind zu glauben, die unverheirateten Frauen in unserer Mitte seien das Salz der Gemeinschaft.

Auf jeden Fall fangen wir an, die Schuld und die Beschimpfung dieser Position auf die alten Junggesellen abzuwälzen, wo sie zu Recht hingehört; und das ist zumindest ein Schritt in die richtige und richtige Richtung. Denn alte Junggesellen haben überhaupt keine Entschuldigung für ihren Zustand. Wenn wir die natürlichen und notwendigen Ausnahmen weglassen, von denen es nur wenige gibt, dann müssen alle anderen Fälle reiner Egoismus und Feigheit sein. Ihr verachtetes altes Junggesellendasein ist allein ihre eigene Schuld. Sie hatten immer das große Privileg, um das zu bitten, was sie wollten; und die halbe Miete war dieses Privileg. Männer haben keine Frauen, weil sie nicht danach fragen; und sie fragen nicht danach, weil sie sie nicht wollen; und in diesem Zustand liegen ihre Schande und ihre Erniedrigung und die wohlverdiente Verachtung, mit der der verheiratete Teil beider Geschlechter sie betrachtet.

Männer sind in ihrem Zölibat auch viel verachtenswerter und nutzloser als Frauen. Eine alte Jungfer kann im Allgemeinen jemandem nützlich sein . Wenn sie reich ist, widmet sie sich der Kirchenarbeit, der Kunst oder den Kindern ihrer Brüder und Schwestern. Oder sie reist um die ganze Welt und schreibt ein Buch über ihre Abenteuer. Wenn sie arm ist, arbeitet sie hart und spart Geld; und wird so zu einem Objekt des Interesses und des Respekts in ihrer eigenen Gruppe. Oder sie ist Krankenschwester und Helferin für alle, die in ihrem Dorf, ihrer Kirche oder ihrer Familie ihre Hilfe brauchen. Auf jeden Fall verfällt sie nie in eine solche Tiefe der Langeweile und des Egoismus wie die alten Junggesellen, die auf den Clubsofas herumlungern oder unzufrieden beim Nachmittagstee trödeln. Eine alte Jungfer kann in kirchlichen Angelegenheiten oder insbesondere in Haushaltsangelegenheiten lästig sein; Aber es braucht einen alten Junggesellen, der sich mit den Kellnern streitet und jeden , der verrückt ist, über seine Abendkarte meckert. Eine alte Jungfer mag zwar klatschen, aber sie wird nicht jeden wegen ihrer Dyspepsie zu Tode langweilen; und wenn sie andere verhungern lassen muss, können wir ganz sicher sein, dass sie niemals unter die Tyrannei der Kammerdiener und Hausmeister fallen würde, die die „Schleuder und Pfeile" wohlhabender, selbstsüchtiger alter Junggesellen sind.

Im Großen und Ganzen wird die unverheiratete Frau also von Jahr zu Jahr selbstbewusster, respektabler und respektierter, und der unverheiratete Mann weiblicher und verächtlicher. Wir warten auf den nahen Tag, an dem ein Mann Mitglied eines religiösen Ordens werden muss, wenn er eine seriöse Entschuldigung für sein Zölibat haben möchte; und selbst im säkularen Leben wäre es keine schlechte Idee, Junggesellen ab dem 40. Lebensjahr eine bestimmte Uniform anzuziehen. Nach diesem Alter könnte ihnen auch empfohlen werden, eigene Vereine und Freizeitaktivitäten zu betreiben. denn ihre Annahme der Gleichheit mit denen ihres Geschlechts, die ihre Pflicht als Männer und Bürger getan haben, ist ein Teil der Anmaßung, den verheiratete Männer übel nehmen sollten. Männer, die heiraten, sind die ehrenwerten Vorfahren der Zukunft; und ihr selbstverleugnendes, geschäftiges Leben ist nicht nur ein Segen für diese Generation, sondern bereitet auch die nächste vor. Der alte Junggeselle ist nur eine menschliche Figur, ohne Pflichten und ohne Hoffnungen. Auf nationaler und sozialer Ebene, im Inland und im Privatleben ist er ein Löffel ohne Inhalt!

Das amerikanische Mädchen

EINE der interessantesten, pikantesten und malerischsten aller Arten weiblicher Menschheit ist das amerikanische Mädchen – nicht die Treibhausart, die zur Zierde des Luxus aufgezogen wird, sondern die alltäglichen, überall anwesenden Mädchen, die sich auf den Straßen drängen, die dorthin führen die öffentlichen Schulen und die normalen Schulen, und die selbst in einem höheren Kulturzustand die Hallen gelehrter Hochschulen mit wundersamem Charme und Glanz erfüllen – Mädchen, die ein Lebensziel haben, eine Mission zu erfüllen, ein Zuhause zu ordnen , die den Wert des Geldes kennen, die sich nicht schämen, es zu verdienen, und die es mit begrenzten Mitteln schaffen, alle ihre Wünsche nach hübschen Kleidern und Sommerferien und sogar ihren Lieblingstraum von einer Seereise und einem Anblick der Alten zu erfüllen Welt.

Körperlich genießen diese Mädchen das Leben auf höchstem Niveau. Schauen Sie sich ihre geröteten Wangen und strahlenden , furchtlosen Augen an und beobachten Sie ihre leichten, schnellen und gleichmäßigen Schritte. Sie haben nichts zu beklagen über die Hitze, den Sonnenschein oder den Frost; Vom Ostwind haben sie noch nichts gehört. Regen lässt sie nicht kreuzen; und was den Schnee betrifft, so versetzt er sie in köstliche Aufregung; während der Wind, der ihre Kleider in bunten Wolken umweht, sie nur noch eifriger macht, ihre Kräfte dagegen zu versuchen.

Dass diese körperlich so schönen Mädchen über die richtige geistige Ausbildung verfügen, ist ein Punkt von größter persönlicher und nationaler Bedeutung. Und es ist der Ruhm unserer Zeit, dass dieser Notwendigkeit auf edle Weise entsprochen wurde. Für das amerikanische Mädchen „hat die Weisheit ihr Haus gebaut und ihre sieben Säulen ausgehauen"; und als sie auf den hohen Eingang zeigt, ruft sie allen gleichermaßen zu: „Geht hinauf; die Tür ist offen!" Wenn die Mädchen von vor fünfzig Jahren die Privilegien unserer Zeit gekannt hätten , wie hätten sie sich gestaunt und gefreut und sich gewünscht, „ihren Tag zu erleben".

Doch so vielfältig ihre Privilegien auch sind , das amerikanische Mädchen weiß sie im Allgemeinen zu nutzen. Sie beweist täglich, dass sich das Gleichnis von den zehn Talenten nicht nur auf Männer bezog. Tatsächlich ist die Schuld, der Mädchen am ehesten unterliegen, der Glaube, dass sie alle alle diese Talente besitzen. In Wirklichkeit ist dies so selten der Fall, dass es unmöglich ist, alle Mädchen nach einem Muster zu erziehen; und deshalb ist es für ein Mädchen eine großartige Sache, genau zu wissen, was sie tun kann und was nicht. Denn wenn sie nur über fünf Talente verfügt , hat die Schaffung fiktiver Talente keinen Vorteil, denn die edelste Ausbildung ist diejenige, die auf die Entwicklung der natürlichen Fähigkeiten abzielt, seien es wenige oder viele, modische oder unmoderne.

Fragen Sie die Mehrheit der Menschen: „Was ist Bildung?" und sie werden geneigt sein zu antworten: „Die Verbesserung des Geistes." Aber diese Antwort führt uns keinen Schritt über den Ausgangspunkt hinaus. Die wahrscheinlich beste und allgemein nützlichste Regel für ein Mädchen ist eine bewusste und gewissenhafte Untersuchung ihrer eigenen Natur und Neigungen, was sie mit ihrer Ausbildung erreichen möchte. Wenn sie die Anfrage gewissenhaft beantwortet hat, ist sie bereit, sich auf dieses Ende vorzubereiten. Denn es ist weder notwendig noch möglich, dass jedes Mädchen alles weiß. Darüber hinaus hat das Wachstum der Individualität Spezialwissen zu einer Sache von großem Wert gemacht, und bei allen wichtigen Gelegenheiten neigen wir dazu, uns darauf zu verlassen. Wenn wir den Atlantik überqueren , suchen wir einen Kapitän, der die stürmischen Wege besonders gut kennt. Wenn wir wirklich krank sind , gehen wir zu einem Spezialisten für unser Leiden, egal welche „ Pathie " wir bevorzugen. Spezialwissen hat auf den ersten Blick einen Wert, und ohne Untersuchung eines Themas neigen wir dazu, Spezialisten auf diesem Gebiet für besser informiert zu halten als diejenigen, die nicht über diese Qualifikation verfügen. Daher ist es wichtig, ein bestimmtes Talent so perfekt zu fördern, dass ein Mädchen es bei Bedarf in Geld verwandeln kann.

Es gibt noch einen weiteren Punkt bei der Vorbereitung des amerikanischen Mädchens auf die Pflichten des Lebens, der oft unterschätzt oder sogar völlig ignoriert wird; Es ist die wenig beachtete Tatsache, dass der Wert all unserer moralischen und intellektuellen Qualitäten stark von unserer Umgebung abhängt. Die alten Quäker legten großen Wert darauf, „am richtigen Platz" zu sein. Wenn die richtige Person am richtigen Ort ist, ist der Erfolg im Leben sicher; Ein Scheitern in dieser Hinsicht ist fast sicher ein Unglück; ein guter Buchhalter vor der Messe, eine gute Dame in der Wildnis, sie sind fehl am Platz und haben ihre Chance verpasst. Und so können Bildungsleistungen, die in einer großen Stadt Reichtum und Ehre bringen würden, dem Glück abträglich sein und die Pflicht in einer isolierten Position erschweren.

Daher ist es wichtig, dass ein Mädchen zunächst herausfindet, was es mit seiner Ausbildung erreichen möchte. Denn an diesem Tag ist sie in ihrer Wahl keineswegs eingeschränkt; ihr stehen die begehrtesten Berufe offen; Sie kann aus der ganzen Welt ihren Schauplatz auswählen und aus der Fülle davon ihren Lohn. Aber wenn ihr Ziel enger und konventioneller ist, wenn ihr einziger Wunsch darin besteht, in ihrer eigenen kleinen Gemeinschaft geliebt und beliebt zu werden, dann wird sie – wenn sie weise ist – nur eine solche glückliche Anordnung anmutiger, üblicher Errungenschaften pflegen, wie sie vorherrscht unter ihrer Klasse und ihren Freunden. Denn eine sehr kluge Frau kann nicht mit sehr vielen Menschen zu Hause sein. Sie ist zu groß für die normalen Verhältnisse der Gesellschaft; sie passt in keines seiner kleinen Ziele und Freuden; Und obwohl sie das gütigste Herz hat, werden nur ihre Besonderheiten zur Kenntnis genommen. Wenn also ein Mädchen nach Beliebtheit strebt, darf es sich nicht offensichtlich kultivieren, darf sich nicht über seine Umgebung erheben und seine Ambitionen auch nicht über die Ziele heben, die die gesamte Menschheit gemeinsam hat. Und es ist eine sehr gute Sache für die Menschheit, dass so viele nette Mädchen mit einem solchen Lebensgegenstand zufrieden und glücklich sind; denn die gesellschaftlichen und häuslichen Gnaden berühren das Leben am nächsten, versüßen seinen bitteren Kummer und erhellen seine trostlosesten Stunden.

Es wäre töricht zu behaupten, dass das amerikanische Mädchen fehlerfrei sei. Körperlich und geistig kann sie sich mit jeder Frau auf der Welt messen; moralisch hat sie die Mängel, die der Schatten ihrer Vorzüge sind. Hauptsächlich wird ihr ein Mangel an Ehrfurcht vorgeworfen, und abgesehen von ihren Fehlern als Tochter kann man zugeben, dass sie im Allgemeinen wenig von dieser Eigenschaft hat. Aber es ist größtenteils die Konsequenz ihrer Umgebung. Ehrfurcht ist die Tugend der Unwissenheit; und das amerikanische Mädchen duldet keine Unwissenheit. Sie ist neugierig, spekulativ und neigt dazu, sich auf ihre eigenen Nachforschungen zu verlassen; während der Geist der Ehrfurcht als seine eigentliche Atmosphäre Vertrauen und Gehorsam erfordert. Man kann daher eher sagen, dass sie selbst so wachsam und eifrig ist, dass sie keinen Impuls dazu verspürt, wenn sie alten Männern und Frauen begegnet, die in den letzten fünfzig Jahren ihres Lebens nichts gelernt haben und die ihr daher nichts beibringen können Ehrfurcht vor bloßen Jahren. Aber wenn graue Haare ehrenhaft sind, sei es für reife Weisheit, umfangreiche Informationen oder praktische Frömmigkeit, neigt sie im Allgemeinen dazu, die beste aller Ehrerbietungen zu erweisen, die Ehrfurcht, die aus Wissen und Zuneigung entspringt und die viel besser ist als das bloße Formen des Respekts, die traditionell dem Alter entgegengebracht werden.

Es wird auch gesagt, dass das amerikanische Mädchen ein sehr eitles Mädchen ist, das gerne seine Schönheit, Freiheit und seinen Einfluss zur Schau stellt. Aber Eitelkeit ist keine schlechte Eigenschaft, wenn sie nicht ins Exzess getrieben wird. Es ist der Sauerteig im Charakter eines Mädchens und leistet eine Menge gute Arbeit, für die es selten Anerkennung findet. Für eine große Tat ist ein großes Motiv notwendig; Aber wie zahllos sind die kleinen sozialen und häuslichen Wohltaten, für die Eitelkeit eine ausreichende Kraft ist und die ohne ihren Einfluss vernachlässigt oder schlecht gemacht würden! Solange die Eitelkeit eines Mädchens nicht aus Selbstliebe entspringt, besteht für sie keine Notwendigkeit, Sackleinen zu tragen, um sie zu demütigen. Wir alle kennen Frauen ohne Eitelkeit und empfanden es als unangenehm, sie kennenzulernen.

Es gibt einen Fehler des amerikanischen Mädchens, der vor allem ihr Fehler ist und der nicht gefördert oder gelindert werden sollte, obwohl er im Wesentlichen nur der Schatten einiger ihrer größten Vorzüge ist – der Fehler, dass sie es bei all dem Wandel zu sehr eilig hat. Punkte ihres Lebens. Wenn sie im Kindergarten ist, sehnt sie sich danach, zur Schule zu gehen. Als Schulmädchen brennt sie darauf, lange Kleider anzuziehen und eine junge Dame zu werden. Sobald diese Tatsache klar ist, glaubt sie, dass es keinen Moment mehr zu verlieren gibt, sich für eine Karriere oder einen Ehemann zu entscheiden. Sie hat es immer eilig, was die Zukunft angeht, und nimmt bei den großen Ereignissen des Lebens oft den falschen Weg. Sie verlässt die Schule zu früh; sie verlässt das Haus zu früh; Sie erledigt alles in Eile, und zwar nicht so gut, als ob sie sich „langsam beeilen" würde.

Aber was für eine Zukunft liegt vor diesen bezaubernd brillanten amerikanischen Mädchen, wenn sie in der Lage sind, sie vollständig in Besitz zu nehmen! Das große Hindernis bei diesem Erfolg ist die scheinbar berechtigte Meinung, dass Bildung ausreicht. Aber die allerbeste Bildung wird ihren Privilegien nicht genügen, wenn sie nicht mit der moralischen Schulung einhergeht, die wir Disziplin nennen. Disziplin ist Selbstverleugnung in all ihren höchsten Formen; es lehrt die ausgezeichnete Mitte zwischen Zügellosigkeit und Unterdrückung; ohne sie kann ein Mädchen über eine Fülle von Wissen und einen beklagenswerten Mangel an Süße verfügen; so dass jemand, der intellektuell nur zweitklassig ist, tausendmal liebenswerter sein kann als jemand, der intellektuell erstklassig ist, dem aber der feine Charaktergeschmack fehlt, der aus der Entfaltung edler innerer Kräfte entsteht, die diszipliniert und auf das Gute ausgerichtet sind endet.

Jeder versteht, dass kein Charakter, wie intellektuell er auch sein mag, etwas wert ist, das nicht moralisch gesund ist; aber die Moral einer Frau allein reicht nicht aus. Darüber hinaus muss sie über all die bezaubernden Tugenden verfügen, die in diesem Wort mit seinen vielen Lichtern und Schattierungen und subtilen Bedeutungen enthalten sind – Weiblichkeit; dieses Wort, das eine solche Vielfalt von Dingen bedeutet, aber niemals etwas anderes als das, was süß und zart und anmutig und schön ist.

Gefährliches Briefeschreiben

JUNGE Frauen spielen sprichwörtlich gerne mit scharfen Werkzeugen, und von all diesen gefährlichen Spielzeugen ist die Angewohnheit, ausschweifend und nachlässig Briefe zu schreiben, das Schlimmste; Denn in den meisten Fällen ist die Gefahr zu diesem Zeitpunkt nicht offensichtlich, und die Autorin hat möglicherweise sogar ihre Unvorsichtigkeit vergessen, wenn sie mit den Konsequenzen rechnen muss. Die Romantik, der Schwall, das Nichts-bestimmt-tun-haben, der fast wahnsinnige Egoismus, der manche junge Frauen dazu bringt, ihr eigenes Herz auszubeuten, veranlassten die arme Madaline Smith, diese törichten Briefe an einen Mann zu schreiben, dessen jede gute Eigenschaft sie erfinden musste, und der sie anschließend mit genau diesen Briefen zu einem Verbrechen folterte, das sie monatelang im Schatten des Galgens stehen ließ. Sie hatte nicht die Geduld zu warten, bis der wahre Liebhaber kam, und als er dann kam , standen diese verhängnisvollen Briefe zwischen ihr und ihrem Glück und ihrem schönen Namen.

Der Instinkt, der zum ständigen Schreiben von Briefen führt, geht mit einem angeborenen Mangel an Vorsicht einher und weist daher auf die Notwendigkeit intelligenter Selbstbeherrschung hin. Wenn sich junge Frauen beim Schreiben von Briefen nur in die Zukunft projizieren und sich eine Zeit vorstellen würden, in der sie mit den gerade verfassten Zeilen konfrontiert werden könnten, würde so mancher schlecht beratene Brief ins Feuer statt in den Postsack wandern . In der Tat, wenn Briefe, deren Geist oder Absicht auch nur im Geringsten zweifelhaft war, bis zum „nächsten Morgen" beiseite gelegt würden, würde so manches Unrecht ungeschehen bleiben, so manche Freundschaft ungebrochen erhalten bleiben und so manche Unvorsichtigkeit aufgeschoben und somit nicht begangen werden. Wenn eine Frau tatsächlich wahrheitsgemäß sagen könnte: „Dieser Brief ist mein Brief, und wenn dabei Unheil entsteht, trage ich allein die Strafe", wäre eine umfangreiche Korrespondenz möglicherweise weniger gefährlich. Aber niemand kann Torheit oder Sünde auf diese Weise einschränken, und ihre Folgen können sogar diejenigen treffen, die sich der Niederschrift des Briefes nicht einmal bewusst waren.

Der Missbrauch des Briefschreibens ist eine der größten Prüfungen unserer Zeit. Der Abstand, der früher als Schutz diente, entfällt nun. Jeder schreit auf und besteht darauf, dass du zuhörst. Sie schreiben Ereignisse, während sie gerade stattfinden. Unbekannte Menschen dringen in Ihre Zeit ein und nehmen sie in Besitz. Feindschaften und Freundschaften, die tausende Meilen entfernt sind, schimpfen oder streicheln; Einer ist anspruchsvoll, ein anderer wütend, ein Dritter erlegt deinem Gewissen

Verpflichtungen auf, die er erfunden hat. Für ein bloßes Nichts – ein Ja oder ein Nein – feuern müßige, überschwängliche Menschen fortwährend Notizen ab und bestehen auf Antworten. Nun gibt es diese Art des Briefschreibens nur, weil das Porto billig ist; Wenn solche Korrespondenten 25 Cent für die Äußerung ihrer Meinung zahlen müssten, würden sie diese überhaupt nicht abgeben. Es ist auch eine Unverschämtheit, denn obwohl wir Menschen vielleicht so sehr mögen, dass wir von ihnen einen Besuch empfangen oder ihn sogar erwidern, ist es eine ganz andere Sache, aufgefordert zu werden, uns mit Feder, Tinte und Notizpapier zurückzuziehen und zu geben verschwenden Zeit und Interesse, die wir nicht bereit sind zu verschenken.

Viele Mädchen schreiben sehr kluge Briefe – Briefe, die ein Echo ihres eigenen Kreises sind, voller süßer Kühnheit und einer unschuldigen Prahlerei des Wissens über die Welt und das menschliche Herz, die sehr einnehmend ist. Und die Versuchung, solche Briefe zu schreiben, ist sehr groß, zumal sowohl die Schriftstellerin als auch ihre Freunde dazu neigen, sie als Beweis für große Genialität zu betrachten. In der Tat kommen einige, die über eine besonders kluge Feder verfügen oder über einen besonders großen Kreis von Bewunderern und Schmeichlern verfügen, schnell zu der Überzeugung, dass sie genauso gut ein Buch schreiben können. Ohne Grund und ohne Ergebnisse bekommen sie Herzbrennen, Kummer und Enttäuschung. Denn zwischen dieser anmutigen, pikanten Eloquence *du billet* und der Fantasie, Beobachtungsgabe und Erfahrung, die für ein erfolgreiches Romanschreiben notwendig sind, gibt es absolut keine Verwandtschaft .

Wenn ein Mädchen wirklich eine Ader wahrer Gefühle hat, sollte sie diese heutzutage nicht durch das Schreiben von Briefen verraten. Es gibt eine sicherere und profitablere Möglichkeit, es zu nutzen; Sie kann es nun auf den Markt bringen und für Pudding, für Zeitschriften und Damenzeitungen verkaufen. Gefühl und Fantasie haben einen kommerziellen Wert; und anstatt sie in einem Zwei- Cent -Umschlag für einen Bekannten zu verschließen – der wahrscheinlich sehr undankbar ist und sie vielleicht mit einem verächtlichen Adjektiv ins Feuer wirft – schickt sie sie vielleicht an einen leidgeprüften Redakteur. Diese Männer kennen die Tiefen des Mädchenherzens in dieser Hinsicht und haben eine Geduld bei der Suche nach dem Gold in der Schlacke, an die man im Allgemeinen nicht glaubt. Wenn also ein Mädchen schreiben muss, soll es seine Gefühle an die Zeitungen senden; Eine Redakteurin ist eine weitaus umsichtigere Vertraute als ihre allerliebste Freundin.

Die Zeit des Briefeschreibens ist wirklich vorbei. Als Kunst ist sie tot, als Zweckmäßigkeit bleibt sie; aber es hat jedes Gefühl verloren. Sogar Madame de Sévigné könnte auf einer Postkarte nicht charmant sein, und für echte Informationen besteht die allgemeine Idee darin, sie in zwanzig Wörter zu fassen und per Telegraph zu versenden. Daher ist es für junge Frauen gut, die Tendenz ihrer Jahre zum sentimentalen Briefeschreiben so schnell wie möglich zu überwinden. Sie ersparen sich so manchen Kummer in der Gegenwart und viele Ängste vor der Zukunft. Denn wenn sie keine Briefe schreiben, können sie sich nicht verletzt fühlen, weil sie nicht beantwortet werden . Sie können sich keine Sorgen machen, weil sie etwas Unvorsichtiges gesagt haben. Sie werden in der Überheblichkeit der Komposition keine Versprechungen machen, die sie entweder brechen oder die sie nur ungern einhalten, wenn sie noch bei klarem Verstand sind. Sie werden auch ihre Freundschaften länger bewahren, denn sie werden ihnen nicht ganz den Charme nehmen, der etwas der Fantasie überlässt.

Natürlich gibt es dennoch so etwas wie absolut notwendige Briefe; und diese sollten auf ihre Weise so perfekt wie möglich gemacht werden. Glücklicherweise ist Perfektion in dieser Hinsicht leicht zu erreichen, da ihre wesentlichen Aspekte für alle klar sind, sobald sie dargelegt werden. Erstens sollte ein Brief, der die Aufmerksamkeit einer Antwort erfordert oder verdient, diese so schnell erhalten, als ob wir eine Rechnung bezahlen würden. Zweitens sollten wir klar und deutlich schreiben, denn eine schlechte Handschrift zeugt von einem sehr hartnäckigen, selbstbewussten Temperament – und das ist auch unfair, denn wenn wir unsere Kritik und Eckpunkte in einem persönlichen Treffen vorbringen, können wir sie in gleicher Weise erwidern , aber einen Brief zu verschicken, der fast unverständlich ist, birgt keine Repressalien, sondern eine Antwort in einem ebenso provokanten Gekritzel. Auch wenn die Schrift nur nachlässig ist und mit ein wenig Mühe zu lesen ist, haben wir kein Recht, uns diese zusätzliche Mühe aufzuerlegen. Drittens ist es eine gute Sache, kurze Briefe zu schreiben. Die Fälle, in denen jemand lange Briefe geschrieben hat und es nicht bereut hat, dies getan zu haben, sind zweifellos sehr selten. Niemand wird jemals schlechter dran sein, wenn er einfach klar und deutlich sagt, was er zu sagen hat, und es dann klar und deutlich mit seinem Namen unterschreibt. Denn ein halb unterschriebener Name ist nicht nur vulgär, er weist auch auf einen Charakter hin, der unvollendet, unsicher und zögernd ist.

Es gibt eine Art von Korrespondenz, die eine besondere Entwicklung unserer besonderen Zivilisation darstellt und die hoffentlich von der jungen Frau der Zukunft sorgfältig vermieden wird, nämlich das Schreiben von Briefen, in denen um Autogramme gebeten wird. Eine Frau, die so etwas tut, hat eine Leidenschaft, die sie sofort zum Schweigen bringen und dazu zwingen sollte, über sich selbst Rechenschaft abzulegen.

Wenn sie das täte, würde sie schnell entdecken, dass es sich um eine gemeine Leidenschaft handelt, die sich in einer Figur verbirgt, zu der sie kein Recht hat und mit der sie kein Mitgefühl hat. Ein Autogrammbettler ist eine natürliche Entwicklung, wenn auch keine sehr glaubwürdige . Sie begann ihre akkumulierende Karriere zweifellos mit dem Sammeln von Vogeleiern auf dem Land, wo man sie umsonst bekommen konnte. Schmetterlinge waren wahrscheinlich ihr nächstes Ziel. Dann folgte vielleicht die mysteriöse Begeisterung für Briefmarken. Nach einer solchen Ausbildung war der Autogrammwahn wie selbstverständlich. Und der einzige und ganze Beweggrund des Sammelgeschäfts ist überhaupt nichts anderes als die vulgäre Liebe zum Besitzen, und insbesondere zum Besitzen dessen, was nichts kostet.

Es ist amüsant und provozierend, die Gefälligkeit zu bemerken, die einige dieser Bettelbriefe ausstrahlen. Die Autoren scheinen nicht in der Lage zu sein, sich Staatsmänner, Künstler und Autoren vorzustellen, die nicht so gerne geben wie bitten. Aber in Wirklichkeit ist ein Mann oder eine Frau, wie angesehen sie auch sein mag, die die Bitte um ein Autogramm als Kompliment empfindet, von Selbstgefälligkeit durchdrungen, und die große Mehrheit betrachtet solche Anfragen sicherlich als einfach unverschämte Bettelbriefe. Die Bitte bringt in der Tat einen Affront mit sich, egal wie höflich sie auch formuliert sein mag, da es sich nicht um dieses bestimmte Autogramm handelt, das gewünscht wird, denn die Bettler stellen als Entschuldigung meist die unverhohlene Tatsache voran, dass sie bereits um Hunderte gebeten haben . Sicherlich wird sich keine Frau mit Selbstachtung den Mut machen, sich in die Schar dieser verächtlichen Suchenden nach einem Stück Papier zu begeben.

Im Großen und Ganzen lässt sich der Charakter einer Frau in vielerlei Hinsicht anhand ihrer Gewohnheiten beim Schreiben von Briefen beurteilen; in der Tat so fair, wie wir die Art und Weise eines Menschen, mit Geld umzugehen, beurteilen können. Wenn wir wissen, wie ein Mensch an Geld kommt, wie er es ausgibt, wie er es verleiht, leiht oder spart, haben wir ein perfektes Maß für sein Temperament und seine Fähigkeiten. Und wenn wir wissen, wie eine Frau mit ihren Briefen umgeht, wie viele sie bekommt, wie viele sie verschickt, wie lang oder wie kurz sie sind, ob sie ausgebreitet und unordentlich oder ordentlich und sauber sind und wie sie unterschrieben und versiegelt sind, Dann können wir ihre Natur sehr gerecht beurteilen, denn sie hat sich in ein offenes Buch geschrieben, und jeder, der möchte, kann sie lesen.

Flirts und Flirt

FLIRTEN ist das Produkt eines hochzivilisierten Gesellschaftszustandes. Menschen in einem wilden oder sogar ungebildeten Leben haben keine Vorstellung von der heiklen und undefinierbaren Diplomatie. Ein Wilder sieht eine Frau, „die ihm gut gefällt", zahlt den nötigen Preis für sie und ist mit der Affäre fertig. Jane in der Küche und John auf dem Feld sehen und lieben sich, sagen einander den Grund dafür und heiraten. „Gesellschaft leisten", was dem Flirt am nächsten kommt, hat ein eindeutiges und wohlverstandenes Ziel im Blick, dessen Herangehensweisen eindeutig sind und keine andere Übersetzung zulassen.

Es gibt viele Arten von Flirts. Da ist die stille, stille Flirtin, die ihre Gefangenen mit zarten kleinen Seufzern und hübscher, bescheidener, flehender Art führt; der an jedem Wort eines Menschen hängt, ihn um Rat bittet, nur seinen Rat , weil er so viel besser ist als der eines anderen. Das ist ihre Form der Kunst, und sie ist sehr effektiv.

Auch hier ist der Flirt demonstrativ und gewagt. Sie verführt, verblüfft und verführt ihre Opfer durch die Kühnheit, mit der sie sich diesem engen, aber tiefen Rubikon nähert, der Flirten von Indiskretion trennt. Aber sie überschreitet es selten; Bis zu einem gewissen Punkt schreitet sie ohne zu zögern voran, doch plötzlich kommt es zum Stillstand, und der Flirtpartner stellt fest, dass er auf einer verrückten Reise war.

Es gibt sentimentale Flirts, schlaue kleine Kätzchen voller süßer Vertraulichkeiten und kleiner Geheimnisse, die Freude daran haben, die anzüglichsten und verführerischsten Fragen zu stellen. „Glaubt Willy wirklich an Liebesheirat?" oder: „Ist es besser geliebt und verloren zu haben, als nie geliebt zu haben?" usw.

Intellektuelle Flirts schwirren um junge Dichter und Schriftsteller herum oder geistern in Ateliers und Bibliotheken herum und lenken zweifellos wunderbar die jungen Ideen ab, die an diesen Orten sprudeln.

Jeder kennt eine Variante des religiösen Flirts – diese zurückhaltenden Lilien des kirchlichen Gartens, die auf den angenehmen Wegen wachsen, auf denen fromme junge Pfarrer und würdige Heilige wandeln. Da ihre Form des Flirtens die Form von Votivgaben, Bezirksbesuchen und Chorsingen annimmt, ist ihr ständiger Schwall von Gefühlen und Heldenverehrung vielleicht von Vorteil, da es sich um einen schlechten Wind handelt, der niemandem Gutes tut.

Alle diese weiblichen Varianten haben ihre Gegenstücke unter den männlichen Flirttypen, und außerdem gibt es einige männliche Typen, die offensichtlich und allgemein verbreitet sind. Das ist der mutige, hübsche

Greifvogel, der gerade so weit voranschreitet, dass die Erwartungen geweckt werden, und sich dann plötzlich zurückzieht. Oder die Männer, die immer *Andeutungen machen* , aber nie eine ehrliche Erklärung abgeben; die mit bewundernswertem Können und poetischem Hintergrund vage Hoffnungen wecken und Frauen durch Blicke und Gesten, die sie nie interpretieren, in sie verliebt halten . Wenn sie müde sind , ziehen sie sich langsam zurück, ohne Streit, ohne Erklärung; Sie lassen einfach zu, dass ihre impliziten Versprechen an Vernachlässigung sterben.

Dann gibt es den umsichtigen Flirt, der nur mit verheirateten Frauen spielt; baumelt hinter diesen subtilen, gutaussehenden Geschöpfen her, die verdorbene Leben und unbequeme Ehemänner beeinträchtigen und die, nachdem sie aus Bequemlichkeit geheiratet haben, um der Liebe willen flirten. Solche Frauen sind eine sichere Unterhaltung für den feigen Flirtmann, der sich vor einem Flirt fürchtet, der vielleicht zur Ehe führt, aber keine Angst vor der Gefahr hat, Bigamie zu begehen. Es gibt „väterliche" männliche Flirts und „brüderliche" und „freundliche" Flirts, aber der Titel ist nichts anderes als ein vereinbartes Handlungszentrum .

Dennoch ist es schwer vorstellbar, wie man in einer gepflegten Gesellschaft auf Flirten verzichten könnte. Vor der Heirat ist eine Art Vorprüfung des Geschmacks, der Veranlagung und der Fähigkeiten erforderlich, und eine Frau kann keine Liste ihrer wünschenswerten Eigenschaften mit sich führen, noch kann ein Mann sein Temperament und sein Einkommen preisgeben. Das Problem ist, dass keine eindeutige Grenze gezogen werden kann, keine Skala moralischer Werte darüber entscheiden kann, wo Flirten aufhört und ernsthafte Aufmerksamkeiten beginnen; und die Gesellschaft ist sich nie darüber einig, was unschuldig und was verwerflich ist.

Es gibt bösartige Menschen, die jedes aufgeweckte, fröhliche Mädchen, das bei den Herren beliebt ist, das gut redet, singt und tanzt , als „schrecklichen Flirt" bezeichnen ; die nichts als Anstand zugeben, außer dem, was konventionell richtig und fade ist. Die Möglichkeiten des Flirtens sind in der Tat endlos; Eine kluge Frau kann durch einfaches *Zuhören* eine Methode finden, die zarteste Schmeichelei und versteckte Bewunderung zum Ausdruck zu bringen. In der Tat ist Flirten in seiner höchsten Qualität eine Kunst, die ein Höchstmaß an Fingerspitzengefühl und Können erfordert, und Frauen, die flirten und untadelig sein wollen, egal wie umfangreich ihr Material ist, müssen Opies Plan folgen und „sie mit Köpfchen vermischen".

Früher galt die Maxime, dass kein Gentleman von einer Dame abgelehnt werden dürfe, weil er niemals über die Grenzen ihrer Ermutigung hinausgehen würde; Daher ist davon auszugehen, dass bei dieser Regel keine Dame weiter vorankommt, als sie zu bestätigen bereit ist. Aber ein solcher

Zustand der Gesellschaft wäre sehr dumm und formal, und wir würden einen sehr pikanten Geschmack im Leben vermissen, dem selbst sehr gute und großartige Menschen nicht widerstehen konnten.

Aufgrund dieser Regel müssen wir Königin Elizabeth als arroganten Flirt und „keine Dame" verurteilen; wir sollten gezwungen sein, über den schönen Thrale und den großen Dr. Johnson, über den ungezogenen Horace Walpole und Mrs. Hannah More den Kopf zu schütteln und sogar George Whitefield und die „gute Lady Huntingdon" mit Argwohn zu betrachten.

Nein, in der eleganten Gesellschaft ist Flirten in gemäßigter Form ein Vergnügen und eine Untersuchung, die der gegenwärtigen Situation der Geschlechter so hervorragend entspricht, dass eine viel bessere Untersuchung besser verschont bleiben könnte. Nur in einem Fall lässt es keine mildernden Umstände zu, nämlich bei dem verheirateten Flirt beiderlei Geschlechts.

Eine Flirtperson ist vielleicht trotz all ihrer verführerischen Fehler nicht wirklich eine liebenswerte Figur; aber sie ist viel netter als eine Prüde. Alle Männer bevorzugen eine Frau, die ihnen vertraut oder sie fröhlich zu einem Kampf herausfordert, in dem sie ihre Gefangennahme vorschlägt, einer Frau, die vor männlichen Vorlieben und Verhaltensweisen Abscheu hegt und immer erwartet, dass sie etwas Unangemessenes oder, sagen wir, etwas Schreckliches tun. Ding. Verlassen Sie sich darauf, wenn alle Flirts prüde geworden wären, wäre die Gesellschaft noch weiter gegangen, und es wäre noch schlimmer gewesen.

Über das Verlieben

„Etwas da ist, das mich zur Liebe bewegt; und ich

Ich weiß, dass ich liebe, aber ich weiß nicht, wie oder warum."

ES kein „Warum"; und wir erwarten es kaum. Die Arbeitswelt um uns herum muss uns zwar über ihre Taten Rechenschaft ablegen, aber Liebende sind als Begründung nicht viel wert; Denn der halbe Reiz des Liebesspiels liegt darin, sich allem Vernünftigen zu widersetzen, das Unglaubliche zu behaupten und das Unmögliche zu glauben. Und sicherlich können wir uns dieses kleine bisschen Glamour in einer Zeit leisten, in der alles nach dem Unbedingten und Positiven beurteilt wird; Vielleicht machen wir kleine Ausflüge ins Land der Liebe, wenn alle alten Wunderländer vom Äquator bis zum Pol kartiert und mit Eisenbahndepots und Einreisehäfen übersät sind.

Sich zu verlieben ist eine äußerst unpraktische Angelegenheit, und doch führt die Natur – die keine Fehler macht – den Jungen und das Mädchen im Allgemeinen durch genau diese Tür in das aktive Erwachsenenleben ein. In den Tiefen dieser köstlichen Torheit wächst das Knabenherz zum Manne heran; Fledermäuse, Boote und „Gefährten" werden für immer abgesetzt, und an ihrer Stelle regiert eine schöne Frau. Für Jungen ist die erste Liebe vielleicht ein größeres Ereignis als für Mädchen, denn letztere haben sich mit der Routine des Liebesspiels vertraut gemacht, lange bevor sie ernsthaft verliebt sind. Sie besingen es im Zusammenhang mit Blumen und Engeln und dem Mond; sie lesen Moore und Tennyson; sie waren vielleicht die Vertrauten älterer Schwestern. Sie warten auf ihren Liebhaber und neigen sogar dazu, kritisch zu sein; Aber die erste Liebe eines Jungen ist im Allgemeinen eine Überraschung – er wird überrascht und ergibt sich nach Belieben.

Vielleicht ist es eine gute Anregung für den Glauben im Allgemeinen, dass wir gleich zu Beginn an etwas so Unvernünftiges und Wunderbares wie die erste Liebe glauben. Tertullian hielt an einigen Teilen seines Glaubens einfach fest, „weil sie unmöglich waren". Es ist für einen Mann nichts Schlimmes, sein Leben mit einer großen Leidenschaft zu beginnen – sich vorzustellen, dass niemand vor ihm jemals geliebt hat und dass niemand, der nach ihm kommt, jemals in dem Maße lieben wird wie er.

Diese absolute Leidenschaft ist jedoch bei weitem nicht so verbreitet, wie sie vielleicht sein könnte; und Rochefoucauld hatte nicht ganz unrecht, als er es mit den Geistern verglich, von denen jeder redet, die aber nur sehr wenige sehen. Es entsteht im Allgemeinen aus extremen Umständen oder Gefühlen; seine Nahrung ist Widerspruch und Verzweiflung. Es ist zweifelhaft, ob Romeo und Julia viel füreinander getan hätten, wenn die Montagues und

Capulets Freunde und Verbündete gewesen wären und die Heirat ihrer Kinder eine notwendige staatliche Vereinbarung gewesen wäre; und Byron wird durch alle vernünftigen Beweise gestützt, als er zweifelnd fragt:

„Wenn Laura, glauben Sie, die Frau von Petrarca gewesen wäre,

Hätte er sein ganzes Leben lang Sonette geschrieben?"

Diese übermäßige Leidenschaft gedeiht auch in einem hohen Zivilisationszustand nicht gut. „König Cophetua und die Bettlermagd" ist die Ballade einer Zeit, in der die Liebe wirklich „den Hof, das Lager, den Hain beherrschte". Das neunzehnte Jahrhundert ist kein solches Zeitalter. Bestenfalls würde König Cophetua nun im Hinblick auf Maud Muller so ziemlich das Gleiche tun wie der Richter. Dennoch wagte niemand zu sagen, dass es selbst in einem solchen Fall nicht besser sei, geliebt und aufgegeben zu haben, als überhaupt nie geliebt zu haben.

„Besser für alles, was eine süße Hoffnung bietet

Tief verborgen vor menschlichen Augen."

Wie kann bei uns die Liebe das A und O des Lebens sein, wenn Dampfwebstühle und Rechtsstreitigkeiten, Eisenbahnaktien und große Goldgräber, Baumwolle und Mais, Literatur und Kunst, Politik und Trockenwaren und tausend andere Interessen miteinander teilen? unsere Zuneigung und Aufmerksamkeit? Es ist unmöglich, dass unser Leben die bloße Maschinerie einer Liebesverschwörung sein sollte; Es ist vielmehr ein Drama, in dem die Liebe einfach eine der *dramatis personæ ist*.

Diese Tatsache ist gut verstanden, auch wenn sie nicht in Worten anerkannt wird; Die Seufzer und das Fieber, das Horten von Blumen und Handschuhen, die gebrochenen Herzen und zerschmetterten Leben, alles nur für ein süßes Gesicht, gibt es immer noch in der Literatur, aber nicht mehr oft im Leben. Liebende von heute denken eher darüber nach, wie sie die Haushaltsführung so einfach machen können wie die Ehe, als dass sie Sonette an die Augenbrauen ihrer Geliebten schreiben. Die bloße Frömmigkeit der alten Zeiten wäre jetzt langweilig, ihre langen Beteuerungen langweilig, und wir Liebhaber des neunzehnten Jahrhunderts würden angesichts eines Amors aus dem 16. Jahrhundert sehr leicht gähnen. Versuchen Sie als moderner Liebhaber eine der langen Reden von Amadis an seine Dame, und sie würde wahrscheinlich antworten: „Sei nicht ermüdend, Jack; Lasst uns zu Thomas gehen, die Musik hören und ein Eis essen."

Befindet sich die Liebe also im Verfall? Keineswegs – es hat sich lediglich dem Zeitgeist angepasst; und dieser Geist verlangt, dass das Leben der Menschen vom Hymen stärker beeinflusst wird als vom Amor. Liebende interessieren sich für die Gesellschaft nur noch als mögliche Ehemänner und Ehefrauen, Väter und Mütter der Republik. Lord Lytton weist darauf hin, dass diese Tatsache in unseren nationalen Dramen eindringlich veranschaulicht wird. Jeder empfindet die Liebesszenen in einem Theaterstück, die sentimentalen Dialoge der Liebenden als ermüdend; aber ein Ehestreit erregt das ganze Publikum, und es vergießt seine angenehmsten Tränen über ihre Versöhnung. Denn nur wenige Personen in einem Publikum haben jemals Liebe gemacht oder werden es jemals tun, so wie Dichter es tun; aber die Mehrheit hatte oder wird Streit und Versöhnungen mit ihren Frauen haben.

„Von Zeit zu Zeit sind Menschen gestorben und Würmer haben sie gefressen – aber nicht aus Liebe." Und wenn dies auf Shakespeares Zeiten zutraf, so trifft es in doppeltem Maße auch auf unsere zu. Wenn es jemals einen Wert gab, aus Liebe zu sterben, erkennen wir ihn nicht; Gelegentlich gibt ein Mann wild zu, dass er sich für diese oder jene Frau lächerlich macht, aber obwohl wir Mitleid mit ihm haben mögen, respektieren wir ihn nicht für eine solche Vorgehensweise. Frauen machen sich in dieser Hinsicht immer noch seltener als Männer „lächerlich"; und obwohl alle Dichter das Gegenteil behaupten, sind sie überaus vernünftig und ihre Zuneigung verträgt eine Transplantation.

Ansonsten ignorieren wir die Inflation alter Liebesbegriffe völlig. „Unser Schicksal", „unser Schicksal" usw. lösen sich in den einfachsten und natürlichsten Ereignissen auf; Ein Gespräch an einem verregneten Nachmittag, ein Heimgang im Mondlicht, bloße Nähe für eine Saison sind die Faktoren, die oft über unsere Liebesbeziehungen entscheiden. Und doch liegt hinter all dem etwas Unerklärliches , das diesen Teil unseres Lebens über unsere klügsten Gedanken hinaus zu stellen scheint. Wir können uns nicht auf Befehl verlieben, und alle unsere Überlegungen zu diesem Thema münden in der Überzeugung, dass es unter bestimmten unerklärlichen Bedingungen „jedem möglich ist, sich in jemand anderen zu verlieben".

Vielleicht ist dies ein Teil dessen, was Artemus Ward die „Verschwörung" der Dinge im Allgemeinen nennt; Aber auf jeden Fall müssen wir zugeben, dass, wenn „Gleiches Gleiches anzieht", auch Ungleiches anzieht. Der Gelehrte heiratet die törichte Schönheit; Die Schönheit heiratet einen hässlichen Mann und bewundert ihn. Die Armut verschärft sich, indem sie mit der Armut einhergeht. Überfluss wird durch die Heirat mit Reichtum immer größer. Aber wer kann das sagen, inwieweit die Liebe für diese seltsamen Reize verantwortlich ist? Wahrscheinlich ist vieles, was als Liebe durchgeht, nur Ausdruck der Selbstliebe, der Leidenschaft, das zu erwerben, was allgemein bewundert oder gewünscht wird. Daher ist die Heirat schöner Frauen oft die anständigste Art, die männliche Eitelkeit zu befriedigen. Eine angenehme Anekdote, wie die Schotten *zu* dieser Ansicht sagen, wird vom Herzog von Guise erzählt, der nach langem Werben eine berühmte Schönheit dazu brachte, ihm ihre Hand zu geben. Die Dame , die ihn sehr unruhig beobachtete, fragte, was ihm fehlte. „Ah, Madame", antwortete der Liebhaber, „ich hätte schon vor langer Zeit aufbrechen sollen, um allen meinen Freunden mein Glück mitzuteilen."

Aber die Motive und Einflüsse, die ein so hochkomplexes Gefühl wie die Liebe ausmachen, lassen sich nicht einmal erahnen, obwohl das Thema für die meisten philosophischen Autoren verlockend war. Sogar Comte verlässt das Positive und Unbedingte, um das charmant unberechenbare weibliche Prinzip zu vergöttern; Michelet ruht sich nach vierzig Geschichtsbänden aus und erholt sich, indem er ein Buch über die Liebe verfasst. der blasse, religiöse Pascal, der angesichts der Weite seiner eigenen Fragen erschrocken ist, tröstet sich mit einer Analyse derselben Leidenschaft; und Herbert Spencer hat sich *mit Liebe* dem gleichen Thema gewidmet. Aber die Liebe lacht über die Philosophie und macht ihretwegen mit Vergnügen die Weisen lächerlich.

Es ist leicht, eine Theorie aufzustellen, aber die erste Berührung einer weißen Hand kann sie zunichte machen; Es ist leicht, Vorsätze zu fassen, aber der erste Blick eines Paares heller Augen kann sie zum Sterben bringen. Für Menschen ist es leicht, Philosophen zu sein , wenn sie keine Liebhaber sind; Aber wenn sie sich einmal verlieben, gibt es keinen Unterschied mehr zwischen dem Narren und dem Weisen. Wir können jedoch dankbar sein, dass die Liebe nicht mehr so äußerliche und sichtbare Zeichen der Sklaverei verlangt wie früher. Heutzutage sprechen Liebende ihre Geliebten als Frauen an – nicht als Göttinnen. Tatsächlich sollten wir jetzt von Männern, die Frauen auf den Knien bedienen, sagen: „ *Wenn sie aufstehen, gehen sie weg* ."

Verlobt

„ Umworben und verheiratet und ein'.

Umworben und verheiratet und ein':

Und es geht ihr sehr gut aff

Das ist umworben und verheiratet und ein'?"

ES ist eine schöne Vorstellung, dass Ehen im Himmel angeordnet sind; es ist eine praktische Tatsache, dass sie auf der Erde hergestellt werden; und dass das, was wir „unser Schicksal" oder „unser Schicksal" nennen, im Allgemeinen das Ergebnis günstiger Gelegenheiten, sympathischer Umstände oder sogar angenehmer Nähe für eine Zeit lang ist. Deshalb erwarten wir nach den Sommerferien immer, dass wir von einer Reihe von „Verlobungen" hören. Die Nachrichten sind immer wieder interessant; Wir haben die Partys vielleicht tausendmal gesehen, aber ihr erster Auftritt in ihrer neuen Gestalt erregt unsere ganze Neugier.

Im Allgemeinen wächst und verschönert die Frau, passt sich dem Anlass an und legt mit dem Selbstvertrauen einer wachsenden Garderobe und einer sicheren Position neue Schönheit an. An ihrer Haltung ist nichts Lächerliches; Ihre Hochzeitsaussteuer und ihre Hochzeitsgeschenke versetzen sie in einen entzückenden Zustand triumphaler Zufriedenheit, und wenn sie „sich selbst gut gemacht hat", hat sie Anspruch auf die Dankbarkeit ihrer Familie und den Neid aller ihrer weiblichen Bekannten.

Der Fall ist für ihren Komplizen nicht so gesellschaftlich angenehm; Es ist für einen Mann immer eine unangenehme Sache, seine Verlobung bekannt zu geben. Seine verheirateten Freunde stellen ihm prosaische Fragen und „wünschen ihm Freude" – ein Kompliment, das an sich schon Zweifel impliziert; oder sie sagen ihm, dass er etwas Kluges tun wird, und behandeln ihn in der Zwischenzeit so, als ob er sich von Natur aus in einem Zustand des Halbwahnsinns befände. Seine Junggesellenfreunde nehmen die Nachricht entweder mit einem Lachanfall, einem ausdrucksstarken, langgezogenen Pfiff oder bestenfalls mit der Versicherung auf, dass sie „die Ehe für eine gute Sache halten, obwohl sie nicht in der Lage sind, ihre Prinzipien umzusetzen." Doch schon bald wird ihm bewusst, dass sie ihn praktisch als Deserteur betrachten; sie veranstalten Partys, ohne ihn einzubeziehen; er bricht ihre Beratungen ab; er hat seine Kaste im Orden der jungen Männer verloren und wurde nicht in die Ehemänner der Gemeinschaft aufgenommen; er hängt zwischen zwei Staaten; ist nicht davon *und* noch nicht ganz *davon* .

Natürlich gibt es unterschiedliche Meinungen zu dem Thema, diese Vorstufe zu verlängern oder möglichst zu verkürzen. Diejenigen, die die Ehe als eine Art Handel betrachten, dessen Clearingstelle St. Thomas oder St. Bartholomäus ist, werden es natürlich vorziehen, die geplante Vereinbarung so schnell wie möglich abzuschließen. Ihr Geschäft ist verständlich; es gibt „keinen Unsinn über sie"; und im Großen und Ganzen ist es umso besser, je früher sie mit der Bestellung des Abendessens und der Zahlung der Steuern beginnen. Viele von uns saßen im Zahnarztzimmer und warteten mit Zahnschmerzen, die denen ähnelten, die zu Burns führten

„Wirf die kleinen Stühle weg von der Meikle;"

und einige von uns haben die Entscheidung eines Herausgebers mit Gefühlen erwartet, die die Pause am liebsten zunichte gemacht hätten.

Aber es sind nicht nur die Prosaischen und Ungeduldigen, die einem langen Engagement abgeneigt sind: die Methodischen, deren Arrangements auf den Kopf gestellt werden; der Beschäftigte, dessen Zeit es sich aneignet; die Egoisten, die dabei gezwungen sind, immer wieder kleine Opfer zu bringen; die Schüchternen, die das Gefühl haben, alle anderen Verwandten des Lebens hätten sich in den Hintergrund zurückgezogen, um sie als „engagierte Männer" zur Schau zu stellen; die Gierigen, die die erwarteten Liebesgaben als eine Art Tribut betrachten – diese und viele andere Arten von Liebenden würden gerne die Ehe vereinfachen, indem sie ihre Vorbereitungen auf eine Frage und eine Zeremonie reduzieren. Doch wenn die Liebe auch nur annähernd den Platz im Leben haben soll, den sie in der Poesie einnimmt; wenn wir wirklich glauben, dass die Ehe auf Sympathie für Geschmack und Prinzipien basieren sollte; Wenn wir Vertrauen in diesen mächtigen Herrscher über Herzen und Leben haben, eine echte Liebesbeziehung, werden wir den Ruhm der Ehe nicht trüben wollen, indem wir ihr diesen Aufenthalt in einem wahrhaft verzauberten Land verwehren; denn in seiner Atmosphäre erblühen viele schöne Gefühle, die niemals entstehen würden, wenn die Feinheiten des Werbens durch die nivellierende Schnelligkeit der Ehe ersetzt würden. Wenn Menschen *wirklich* verliebt sind , gewinnen sie durch eine angemessene Verzögerung mehr als sie verlieren. Es gibt Zeit für das Lesen und Schreiben von Liebesbriefen, eine der schönsten Erfahrungen des Lebens; Zunge und Feder werden mit liebevollen und edlen Gefühlen vertraut; Tatsächlich bezweifle ich, dass es eine schönere Schule für das Eheleben gibt als eine ganze Reihe von Liebesbriefen. Aber wenn die Heirat unmittelbar auf die Verlobung folgt , müssen alle Liebesbriefe und alle Liebesbeziehungen notwendigerweise einen Hauch von Möbeln und Kleidung sowie „Überlegungen" haben. Ich gebe zu, dass Liebesspiel eine unvernünftige und unpraktische Angelegenheit ist; aber darin liegt sein ganzer Charme. Es bereitet ihm Freude, das

Unglaubliche zu behaupten und das Unmögliche zu glauben. Aber schließlich sind es die Tiefen dieser köstlichen Torheit, in denen das Herz sein edelstes Wachstum erreicht. Das Leben hält vielleicht noch viele größere Hoffnungen und ruhigere Freuden bereit –

„Aber es gibt nichts, was im Leben auch nur halb so süß ist

Als der junge Traum der Liebe."

Deshalb sollten wir mit Wohlwollen, wenn nicht sogar mit Anerkennung, auf junge Menschen blicken, die diese Phase ihres Daseins gelassen durchleben; aber Tatsache ist, dass wir es eher als eine kleine Prüfung betrachten. Liebende sind so glücklich und selbstzufrieden, dass sie nicht verstehen, warum sich nicht alle anderen in der gleichen hervorragenden Verfassung befinden. Wenn das Haus noch so klein ist, erwarten sie einen freien Raum für sich.

Dennoch ist ein solches Engagement von angemessener Dauer überall dort zu empfehlen, wo junge Menschen ein zärtliches und beständiges Wesen haben und wirklich ineinander verliebt sind. Ich würde sie nur bitten, in der Öffentlichkeit so wenig wie möglich zu demonstrieren und ihr Glück demütig zu zeigen, denn auf jeden Fall werden sie große Ansprüche an die Liebe, Geduld und Duldung ihrer Freunde stellen. Aber vielleicht ist einer der größten Vorteile einer längeren Verlobung die Sicherheit, die sie vor einer *Mésalliance mit sich bringt*. Nun ist für einen Mann eine *Mésalliance* die schwerste Last, die er durchs Leben tragen kann; aber für eine Frau ist es einfach Zerstörung.

Die besten Frauen haben den instinktiven Wunsch, einen Mann zu heiraten, der ihnen in irgendeiner Weise überlegen ist; denn ihre Ehre gebührt ihren Ehemännern, und ihr Status in der Gesellschaft wird durch ihn bestimmt. Eine Frau, die für eine vorübergehende Eingebung einen Mann heiratet, der ihr unterlegen ist, schadet sich selbst, ihrer Familie und ihrem ganzen Leben; denn die „Grobheit seiner Natur" wird sie höchstwahrscheinlich auf sein Niveau ziehen. Hin und wieder mag eine Frau mit großer Charakterstärke ihren Mann auf die Höhe heben, aber sie nimmt eine solche Arbeit auf die Gefahr ihres eigenen höheren Lebens auf sich. Sollte es ihr gleichermaßen unmöglich sein, ihn auf ihr Niveau zu heben oder auf seines zu sinken, was bleibt dann? Lebenslanges Bedauern, bittere Scham und Selbstvorwürfe oder eine gewaltsame Befreiung. Aber letzteres bringt, wie alle strengen Heilmittel, Verzweiflung statt Hoffnung mit sich. Niemals kann sie ihren ursprünglichen Platz wiedererlangen; Eine *Aura* zweifelhafter Art fesselt und beeinflusst sie in allen Bemühungen und Beziehungen ihres zukünftigen Lebens.

Im frühen Glanz einer Liebesbeziehung sehen Frauen diese Dinge nicht, Väter und Mütter jedoch schon; Sie wissen, dass „die Welt für die Liebe *nicht* verloren ist", und sie haben das Recht, gegen diese Torheit zu protestieren. In einer unvorsichtigen Liebesbeziehung wird jeder Tag so viel gewonnen; Wenn daher diese Torheit im Herzen eines Jünglings oder einer Jungfrau verankert ist, ist es der beste aller Pläne, sich Zeit zu nehmen – eine möglichst lange Verlobung.

Aber ich gehe davon aus, dass alle meine unverheirateten Leser geeignete Partner gefunden haben, die den Test der elterlichen Weisheit und einer ziemlich langen und anspruchsvollen Verlobung bestehen werden, und dass sie nach einigen glücklichen Monaten nicht nur „ umworben ", sondern „verheiratet" sein werden A'." Jetzt beginnt ihr wahres Leben, und für die Frau ist der erste Schritt *der Verzicht* . Sie muss mit gutem Anstand die Übertreibung und Romantik des Liebesspiels aufgeben und stattdessen die weitaus bessere Zärtlichkeit akzeptieren, die die Ruhe der Leidenschaft ist und den ruhigen Tiefen der besten Natur eines Mannes entspringt.

Die herzlichsten und selbstlosesten Frauen lernen bald, stilles Vertrauen und die Loyalität eines liebevollen Lebens als die ruhigste und glücklichste Voraussetzung einer Ehe zu akzeptieren; und die Männer, die vernünftig genug sind, sich auf den gesunden Menschenverstand solcher Frauen zu verlassen, segeln um die überschwänglichen Anbeter herum, sowohl auf der Suche nach wahrer Zuneigung als auch nach angenehmer Ruhe .

Eine junge Frau soll sich einfach daran erinnern, dass ihr Mann zwangsläufig den ganzen Tag unter einer gewissen Knechtschaft steht; dass seine Interessen ihn dazu zwingen, unter allen Umständen freundlich auszusehen, niemanden zu beleidigen, kein hastiges Wort zu sagen, und sie wird sehen, dass er, wenn er seinen eigenen Kamin erreicht , vor allem möchte, dass dieser Stress beseitigt wird, um sich wohl zu fühlen; Aber das kann er nicht sein, wenn er ständig Angst davor hat, die Gefühle seiner Frau zu verletzen, indem er irgendein äußeres und sichtbares Zeichen seiner Zuneigung zu ihr vergisst. Außerdem macht sie ihm nur ein dürftiges Kompliment, weil sie sich weigert zu glauben, was er nicht ständig behauptet; und indem sie sich über etwas ärgert, dessen Verlangen unvernünftig ist, tut sie sich selbst großes Unrecht, denn –

„Eine bewegte Frau ist wie ein aufgewühlter Brunnen,

Schlammig, hässlich, dick, ohne Schönheit."

Sollen unsere Töchter Mitgift haben?

WER sich damit beschäftigt, die Schrift an der Wand zu lesen, die wir „Zeichen der Zeit" nennen, mag eine Weile über die Frage nachdenken, die Herr Messinger mit einem so klagenden Appell an die Eltern dieser Generation stellt: „Sollen unsere Töchter Mitgift haben?" Aber gleich zu Beginn seiner Argumentation gibt er den Fall auf, den er freiwillig aufgegriffen hat, und plädiert nicht für die Töchter, sondern für die jungen Männer, die die Töchter vielleicht heiraten möchten. Auch als er die Eltern auf die Pflicht drängte, ihre Töchter zu beschenken, scheint er die Tatsache aus den Augen verloren zu haben, dass die „Mitgift" ihrem Sinn und Zweck nach nicht darauf abzielt, für den Ehemann zu sorgen, sondern ausschließlich im Interesse der Ehefrau liegt .

Er behauptet zweifellos zutreffend, dass das durchschnittliche Einkommen junger Männer 1.100,57 US-Dollar pro Jahr beträgt , und er findet in dieser Tatsache einen ausreichenden Grund für den Rückgang der Eheschließungen unter ihnen. Es ist überhaupt kein Grund; Denn ein großer und vernünftiger Anteil junger Männer heiratet und lebt glücklich und respektabel von 1.100 Dollar pro Jahr, und diejenigen, die das nicht können, werden von Herrn Messinger sehr deutlich dargestellt und von keiner vernünftigen jungen Frau sehr wenig respektiert.

Aber es ist nicht anzunehmen, dass sie einen überwiegenden oder einflussreichen Teil dieser Armee junger Männer bilden, die die Zukunft unserer großen Republik darstellen. Lassen Sie jeden Leser unter den ihm bekannten jungen Männern zählen, wie viele ihre 1.100 Dollar aufteilen würden, wie Mr. Messinger es von ihnen erwartet :

Kleide dich für dich selbst und deine Frau   600 $

Wohnungen   400

Vergnügungen   100

Ich wage zu behaupten, dass der Anteil tatsächlich sehr gering wäre.

Denn die meisten jungen Männer wissen, dass beim Teilen nichts Wertvolles verloren geht. Sie treffen in ihrem eigenen Kreis ein bescheidenes, hauswirtschaftlich tätiges Mädchen, das sie so sehr lieben, dass sie ihr genau sagen können, wie hoch ihr Einkommen ist, und dann stellen sie fest, dass ihre eigenen Vorstellungen von Wirtschaft im Vergleich zu den wundersamen Methoden und Methoden grob und extravagant waren Mittel, die sich dem Verständnis einer liebenden Frau für das Thema offenbaren. Die Oranges, Rutherford und alle Vororte von New York sind voll von hübschen kleinen Häusern, die ohne Sorgen und mit unendlichem Glück mit

1.100 Dollar pro Jahr und vielleicht sogar mit weniger Geld finanziert werden.

Die Schwierigkeit der Klasse junger Männer, deren Fall Herr Messinger vertritt, verdient kein Mitgefühl. Es ist eine Schwierigkeit, die durch Eitelkeit und Selbstgefälligkeit hervorgerufen wird, deren Schreckgespenster Fashion und Mrs. Grundy sind. Warum sollte ein junger Mann, der nur 1.100 Dollar im Jahr verdienen kann, damit rechnen, ein Mädchen zu heiraten, dessen Eltern reich genug sind, sie „vor jedem Wind des Himmels zu schützen, damit er ihr nicht zu grob ins Gesicht schlägt"? „Ist es eine faire Behandlung des erwarteten Ehemanns", fragt Herr Messinger , dass ein Mädchen „daran gewöhnt werden sollte, ohne Arbeit zu leben und dann ihrem Ehemann mit nichts als ihrer Kleidung und Krimskrams übergeben wird over?" Ja, es ist eine recht faire Behandlung. Wenn der Ehemann mit seinen 1.100 Dollar im Jahr beschließt, ein Mädchen zu heiraten, das nicht an die Arbeit gewöhnt ist, tut er dies aus eigener Entscheidung: Der Vater des Mädchens ist wahrscheinlich überhaupt nicht an seiner Allianz interessiert; Warum sollte der Vater dann auf die Ergebnisse seiner eigenen Arbeit und Wirtschaft verzichten, um die Torheit und Eitelkeit der Auswahl des jungen Mannes zunichte zu machen? Was das Mädchen betrifft, wenn sie ihren Geliebten bewusst ihrem Vater, ihrer Mutter, ihrem Zuhause und allen Vorteilen des Reichtums vorgezogen hat, dann hat sie den Wunsch ihres Herzens. Es mag völlig fair sein, dass sie diesen Wunsch hegt, aber es kann sehr unfair sein, dass ihr Vater, ihre Mutter und vielleicht ihre Brüder und Schwestern ausgeraubt werden, damit ihr Wunsch für sie weniger aufopferungsvoll ist. Denn wenn der junge Mann mit seiner Armut sowohl für die Tochter als auch für ihre Eltern akzeptabel ist, kann man sich darauf verlassen, dass Letztere unter den gegebenen Umständen alles tun, was richtig ist.

Der anstößigste Teil von Herrn Messingers Argumentation ist der unterwürfige und söldnerische Aspekt, der die Ehe darstellt. „Welche Gleichheit kann es geben", fragt er, „wo einer (der Mann) alle Mittel zum Lebensunterhalt bereitstellt und die ganze Arbeit verrichtet?" Dass ein Ehemann für den Lebensunterhalt sorgen soll, ist die eigentliche Magna Charta einer ehrenhaften Ehe; und neunhundertneunundneunzig Männer von tausend akzeptieren es. Es ist genau der Punkt, für den alle wahren Ehemänner am sensibelsten sind. Sie wollen, dass kein anderer Mann – egal in welcher Beziehung oder Freundschaft – ihre Frauen unterstützt. Und unter keinen Umständen übernimmt der Ehemann die gesamte Arbeit, die eine Ehe mit sich bringt. Damit er ein wahrer Mann, ein Vater und ein Bürger sein kann, ist es notwendig, dass er ein Zuhause hat; und in der Pflege des Hauses, in der Geburt und Erziehung der Familie, in den ständigen Anforderungen an ihre Liebe und ihr Mitgefühl erfüllt die Frau eine nie endende Vielzahl von Pflichten, die ihr Herz und ihren Körper beanspruchen in jede Richtung – eine Liebesarbeit im Vergleich dazu ist die tägliche Routine ihres Mannes hinsichtlich seiner „Einträge" oder seiner „Befehle" ein unbedeutender Verlust an Lebenskraft. Denn eine Frau und eine Mutter müssen jede Fähigkeit und jedes Gefühl „aufmerksam" halten; aber ein Angestellter in seinem Hauptbuch führt ein Dutzend Fakultäten auf dem Gelände, um die Arbeit eines einzelnen zu erledigen. Und im Namen aller treuen und vertrauenswürdigen Ehefrauen lehne ich entschieden die Vorstellung ab, dass sie mit „schmerzlicher Scheu" zu ihren Ehemännern gehen, um das nötige Geld für den Fortbestand des gemeinsamen Zuhauses zu erhalten, oder dass es im Herzen einer geliebten Ehefrau auch nur den flüchtigsten Gedanken gibt von „Abhängigkeit". Mit einer solchen Behauptung tut Herr Messinger den meisten Ehemännern und Ehefrauen großes und beschämendes Unrecht.

In der Tat scheint die Erfahrung dieses Herrn ungewöhnlich traurig gewesen zu sein, da neun von zehn seiner Freunde im frühen mittleren Alter an der übermäßigen Aufwendung von Nerven und Lebenskraft gestorben waren, als sie sich bemühten, für ihre Familien zu sorgen, was sie zweifellos für ein Problem hielten geeignete Art und Weise; und er glaubt offensichtlich, dass dieses Ergebnis wahrscheinlich abgewendet worden wäre, wenn ihre Frauen mit einer Mitgift ausgestattet worden wären. Es ist äußerst unwahrscheinlich. Das geringe Einkommen der Frau hätte weitaus wahrscheinlicher zu einer noch extravaganteren Lebensweise geführt; Denn die Genialität des Amerikaners besteht darin, für das Heute zu leben und für das Morgen zu sorgen, wenn das Morgen kommt.

In vielerlei Hinsicht ist es das Genie unserer Zeit . Alte Denk- und Handlungsformen befinden sich im Umbruch. Niemand kann sagen, was der Morgen bringen wird. Die sozialen Bedingungen, die die Väter der Vergangenheit dazu inspirierten, für ihre Nachkommen aufzubewahren, verschwinden; und ich spreche aus Wissen, wenn ich behaupte, dass es sich oft um Zustände häuslichen Elends und Unrechts handelte und dass heranwachsende Kinder sehr darunter litten. Angenommen, ein Vater hat zwei Töchter und drei Söhne; Muss er die Töchter in der Bildung und den Freuden ihrer Jugend beschneiden, muss er die drei Jungen zu Hause und auf dem College einschränken, um einem unbekannten jungen Mann eine Geldsumme zu geben, die zweifellos schwören wird, dass das Herz und die Person seiner Tochter sind? mehr als die ganze Welt für ihn? Wenn sie ihm nichts bedeutet, hat er kein Recht, sie zu heiraten; Und wenn ja, was kann einem so kostbaren Geschenk noch hinzugefügt werden?

Die Tendenz der Zeit besteht darin, die Ehe in jeder Hinsicht zu entehren; Aber das größte Unrecht, das Erniedrigendste, was man einführen kann, besteht darin, es von Mitgift oder anderen finanziellen Gegenleistungen abhängig zu machen. Wir müssen uns auch daran erinnern, dass in England, wo die Mitgift ein Brauch war, sie sich nicht besonders auf die Klassen auswirkte, deren Töchter wahrscheinlich Angestellte mit geringem Gehalt heiraten würden. Es handelte sich um die Versorgung, die der Landadel für seine Töchter leistete, und als Gegenleistung verlangten sie vom werdenden Ehemann eine ebenso angemessene Abfindung. Wenn der Vater der Braut einen Geldbetrag schenkte, schenkte der Bräutigam im Allgemeinen das Mitgifthaus mit den Möbeln, Silber, Wäsche usw., was es zu einem angemessenen Zuhause für ihre Witwenschaft machen würde. Viele Ehen sind gescheitert, weil der Bräutigam nicht die vom Vater geforderte Mitgift vereinbarte.

Herr Messinger räumt ein, dass die Lebenshaltungskosten noch nie so niedrig waren wie heute und dass die Schwierigkeit bei der Heirat junger Männer „einzig und allein auf wahnsinniger Nachahmung und Konkurrenz zurückzuführen ist". Aber es gibt keine Notwendigkeit für diesen wahnsinnigen Wettbewerb; und warum eine ungewöhnliche und besondere Abhilfe schaffen für das, was rein optional ist? Niemand zwingt den jungen Ehemann, so zu leben, als ob sein Einkommen 11.000 Dollar statt 1.100 Dollar betragen würde. Aus freiem Willen opfert er sein Leben seiner Eitelkeit, und es ist nicht gerechtfertigt, ihn dadurch zu entlasten, dass er seine vielleicht ebenso schuldige Frau aus den Ergebnissen des Fleißes und der Wirtschaft eines anderen Mannes herauslöst.

Mitgift ist eine veraltete Bestimmung für Töchter, die hinter dem Genie der Zeit zurückbleibt und mit der Würde amerikanischer Männer und der Intelligenz und Freiheit amerikanischer Frauen unvereinbar ist. Außerdem gibt es sehr wahrscheinlich zwei, drei, vier oder mehr Töchter in einem Haus; Wie könnte ein Mann mit mäßigen Mitteln für sie alle sparen? Und was würde aus den Söhnen werden? Der Vater, der seinen Kindern eine liebevolle, vernünftige Mutter schenkt, die ihnen ein behagliches Zuhause bietet, der alle ihre besonderen Fähigkeiten voll ausbildet und ihnen die List ihrer zehn Finger beibringt, wird seine Töchter viel besser beschenken, als wenn er ihnen Geld geben würde . Er hat für sie eine Versorgung finanziert, die weder ein schlechter Ehemann noch ein böses Schicksal vergeuden kann. Er hat seine volle Pflicht getan und jedes gute Mädchen wird es dankbar annehmen.

Was die jungen Männer betrifft, die sich vorstellen könnten, von 1.100 Dollar 700 65 Dollar für Kleidung und Vergnügungen auszugeben, so wird weder die Welt noch irgendeine vernünftige Frau darin schlechter für ihr Zölibat sein. Denn wenn sie eine Frau nehmen, wird es zweifellos eine elegante, törichte Jungfrau sein, deren weiche Hände von keinem irdischen Nutzen sind, außer als Ringständer und Handschuhspanner. Es sind solche Ehen, die scheitern. In solch anspruchsvollen Häusern können Liebe und bescheidene Mittel nicht glücklich zusammenleben. In solch schwachen

Händen schließt sich die Büchse der Pandora, nicht wegen der Hoffnung, sondern wegen der Verzweiflung.

Der mutige, vernünftige Jugendliche hat keine Angst davor, sich dem Leben und all seinen Verpflichtungen mit 1.100 Dollar im Jahr zu stellen. Mit Liebe reicht es zunächst einmal. Hoffnung, Ehrgeiz, Fleiß und Glück sind seine Garanten für die Zukunft. Wie gut er auch gebildet sein mag, er weiß, dass er in seiner Klasse hübsche, ebenso gut gebildete Frauen finden wird. Sie sind vielleicht Lehrer, Angestellte oder Näherinnen, aber sie sind seinesgleichen. Er hat keine Vorstellung davon, eine junge Dame zu heiraten, die an Dienstboten und Luxus gewöhnt ist, und die Frage nach einer Mitgift kommt ihm nie in den Sinn. Das gute Mädchen, das seinen Fleiß durch ihre Sparsamkeit ergänzt, das ihn mit ihrem Mitgefühl aufheitert , das alle seine Gedanken und Gefühle teilt und sein Leben mit Liebe und Trost krönt, hat jede Mitgift, die er will. Und das ist eine Meinung, die auf einem langen Leben der Beobachtung beruht – eine Meinung, dass das Feuer nicht aus mir herausbrennen kann.

Der Ring am Finger

RINGE waren wahrscheinlich die ersten Schmuckstücke, die jemals getragen wurden, obwohl sie in der Frühzeit eine Bedeutung hatten, die weit über den bloßen Schmuck hinausging. Die Geschichten von Juda und Tamar, von Pharao und Joseph, von Ahasveros und Haman zeigen, dass sie als Unterpfand des guten Glaubens, als Zeichen der Gunst und als Zeichen der Autorität anerkannte Symbole waren. Die Mode war östlicher Natur, denn die Juden kannten sie vor ihrem Aufenthalt in Ägypten; tatsächlich könnte es einer jener urzeitlichen Bräuche gewesen sein, die Sem, Ham und Japhet vor dem Untergang einer früheren Welt gerettet haben. Sicherlich verwendeten die Menschen in Syrien und die Herren von Palästina und Tyrus schon in frühester Zeit Ringe; und es ist bemerkenswert, dass sie dasselbe Emblem trugen wie die alten mexikanischen Ringe : das Sternbild Fische. Als Schmuck kommt dem Ring jedoch die geringste Bedeutung zu ; es ist ein Emblem. Der Zauberkreis hat Kraft und Romantik.

Zu allen Zeiten wurde großes Vertrauen in verzauberte Ringe gesetzt. Griechen und Römer besaßen sie, und die skandinavischen Nationen hatten einen abergläubischen Glauben an solche Amulette; Tatsächlich ist es, wie Chroniken belegen, schwer zu berechnen, wie sehr William seinen Sieg über Harold dem Einfluss des Rings zu verdanken hatte, den er trug und der gesegnet und geheiligt worden war. Als Heilmittel haben Ringe auch eine merkwürdige Rolle gespielt. Bis zur georgianischen Ära glaubte man, dass Ringe, die am Karfreitag vom König oder der Königin gesegnet wurden, Epilepsie und andere Beschwerden lindern könnten, und ein Teil dieser geheimen Kraft wird immer noch von den Abergläubischen anerkannt, die gesegnete Ringe oder Münzen um den Hals tragen. Ringe waren auch Mittel für den Tod und für das Leben. Zu allen Zeiten dienten sie als Gefäße für subtile Gifte, und so wappneten sich Hannibal und Demosthenes gegen die äußerste Unglückssträhne.

Im Leben der englischen Königin Elisabeth hatten Ringe eine außerordentliche Bedeutung. Ihre Thronbesteigung wurde ihr durch die Überreichung von Marias Ring mitgeteilt. Das Vorenthalten des von Essex geschickten Rings führte dazu, dass sie in einer Leidenschaft voller Reue und wiedererwachter Zuneigung starb; und kaum war der große Kampf vorüber, wurde ihr der Ring von ihrem kaum noch kalten Finger genommen und aus dem Fenster zu Sir John Harrington geworfen, der damit über die Grenze zum schottischen James eilte.

Es gibt einige merkwürdige Überlieferungen bezüglich der Steine, die normalerweise in Ringe eingefasst sind. Der Rubin oder Karbunkel soll vor Krankheiten schützen. Der Saphir war der Liebling der Kirchenmänner und soll reine Wünsche wecken. Epiphanes sagt, die ersten Gesetzestafeln seien auf Saphiren geschrieben worden. Der Smaragd schenkte Fröhlichkeit und mehr Reichtum. Der Opal soll einen Mann unsichtbar machen, der Hyazinth soll für Schlaf sorgen und der Türkis soll Streitigkeiten zwischen Mann und Frau besänftigen. Die Dinge haben sich jedoch stark verändert, seit heidnische Weise und Rosenkreuzer-Alchemisten die Eigenschaften und Kräfte von Edelsteinen definiert haben. Wir haben jetzt kommerzielle „Ringe", die smaragdgrüne Ringe als Mittel zur Beschaffung von Reichtum verachten. Wenn der Opal einen Mann unsichtbar machen könnte, wäre er vielleicht am Monatsersten beliebt, aber wir haben bessere Betäubungsmittel als der Hyazinth, während die aufwändigen Toiletten unserer Frauen den Ehemännern vielfältige Möglichkeiten zur Friedensstiftung bieten, die genauso erfolgreich sind wie der Opal Türkis.

Die Juden verwendeten es erstmals in der Ehe. Zu diesem Zweck verlangten sie, dass es einen bestimmten Wert hatte und endgültig und vollständig erworben wurde. Wenn es auf Kredit gekauft oder geschenkt wurde, wurde seine Kraft zerstört. Die christliche Kirche übernahm schon früh den Brauch des Eherings. Es wurde zuerst auf den Daumen gelegt, im Namen des „Vaters"; dann bis zum Zeigefinger entfernt, im Namen des „Sohnes"; zum dritten mit dem Namen „Heiliger Geist"; und das „Amen" legte seinen Platz auf das vierte fest.

Ringe waren bereits im dritten Jahrhundert auch das Symbol der spirituellen Ehe und Würde. In der römischen Kirche besteht der Bischofsring aus Gold, besetzt mit einem reichen Edelstein. Der Papst hat zwei Ringe, einen mit dem Bildnis des heiligen Petrus, der für gewöhnliche Geschäfte verwendet wird; der andere trägt ein Kreuz und die Köpfe von Peter und Paul sowie den Namen und das Wappen des amtierenden Papstes. Es wird nur für Bullen verwendet und beim Tod des Papstes gebrochen; und ein neues, das die Stadt Rom seinem Nachfolger schenkte. Diese geistlichen Amtsringe wurden häufig am Daumen getragen, und als das Grab von Bede im Mai 1831 geöffnet wurde, wurde an der Stelle, an der die rechte Hand zu Staub zerfallen war, ein großer Daumenring gefunden.

Der Ring wurde nicht nur für fleischliche und geistliche Hochzeiten, sondern auch für kommerzielle Hochzeiten verwendet. Sechshundert Jahre lang heirateten die Dogen von Venedig mit einem goldenen Ring die Adria und ihren reichen Handel mit ihrer Stadt am Meer. Als Symbol delegierter oder übertragener Macht hat der Ring auch in menschlichen Angelegenheiten eine bemerkenswerte Rolle gespielt. Beispiele dafür sind Pharao und Ahasverus in biblischen Aufzeichnungen. Alexander übertrug sein Königreich mit seinem Ring an Perdikas . Als Cäsar das Haupt des Pompeius empfing, erhielt er auch seinen Ring, und als Richard II. seine Krone an Heinrich von Lancaster abgab , schenkte er ihm seinen Ring. Der

Krönungsring Englands besteht aus Gold, in den ein großer violetter Rubin eingelassen ist, in den das Kreuz des Heiligen Georg eingraviert ist. Der Brauch, heilige Embleme in Ringe einzugravieren, um sie allgemein zu tragen, wurde von einem so frühen Weisen wie Pythagoras wütend getadelt; und die Zartheit dieses Heiden gegenüber heiligen Dingen wird den Frauen unserer Zeit zur Kenntnis gebracht, die das heilige Symbol unseres Glaubens auf den Toilettentischen herumwerfen und es an sehr ungeweihten Orten tragen.

Ich habe jedoch genug gesagt, um zu beweisen, dass der Ring an unserem Finger eine Verbindung zwischen uns und den Jahrhunderten nach der Sintflut darstellt. Dieser enormen Solidarität der Menschheit können wir uns nicht entziehen. Wir sind Teil von allem, was war, und die Generationen, die uns folgen, werden auf uns zurückblicken und sagen: „Sie waren unsere Väter, und wir sind ihre Erben, und siehe, wir sind alle eins!"

Flirtende Ehefrauen

WENN eine gute und rücksichtsvolle Frau, die vor fünfzig Jahren gestorben ist, auf diese Welt zurückkehren könnte, was würde sie in unserem gegenwärtigen Leben am meisten in Erstaunen versetzen? Wären es die Wunder von Dampf, Elektrizität und Wissenschaft? die Tyrannei der Arbeiterklasse oder die Autokratie der Diener? NEIN! Es wäre die erstaunliche Entwicklung ihres eigenen Geschlechts – der predigenden, vortragenden, politischen Frauen; die Frauen, die Ärztinnen und Anwältinnen sind; die Geld mit Pferden, mit Aktien und Immobilien verlieren und gewinnen; die Frauen, die Slang sprechen und es für eine Errungenschaft halten; die die Kleidung und Manieren von Männern nachahmen; die ihre sportlichen Übungen in der Öffentlichkeit absolvieren; und, vielleicht noch erstaunlicher als alle anderen, die Frauen, die die Ehe zum Deckmantel für viele gewinnbringende Flirts nach der Hochzeit machen.

Für ihr eigenes Geschlecht, das geschäftlich tätig ist, findet sie vielleicht Ausreden oder sogar Bewunderung; und selbst für die unweiblichen Mädchen dieser Zeit könnte sie sich auf die Meinung von Frau Poyser berufen , dass „die Frauen dazu gemacht sind, zu den Männern zu passen". Ohne junge Frauen, die für ihr Flirten und ihre „Anhänger" berüchtigt sind, konnte sie nichts als uneingeschränkte Verachtung und Verurteilung übrig haben. Man kann nämlich sagen, dass das Gefühl, das von einer Frau absolute Treue fordert, die Kraft eines menschlichen Instinkts hat; Zu allen Zeiten hat es von ihr verlangt, den bloßen Anschein des Bösen zu meiden. Deshalb hat eine gute Frau in der Gegenwart einer frivolen Flirtfrau das Gefühl, als würde vor ihren Augen ein Naturgesetz gebrochen; denn hinter der Frau steht die mögliche Mutter, und die Ansprüche der Familie, der Rasse und der Kaste sowie der ehelichen Ehre stehen alle in ihrem Schutz.

Ohne Übertreibung kann man sagen, dass das Umherwandern von Frauen heute genauso verbreitet ist wie früher das Umherwandern von Rittern. Die jungen Männer von heute haben den persönlichen Vorteil und die Sicherheit entdeckt, die in der Gesellschaft der Frau eines anderen Mannes liegen. Sie setzen ein altes Sprichwort um und sagen praktisch: „Narren heiraten, und weise Männer folgen ihren Frauen." Denn wenn der Ehemann nur selbstgefällig ist, ist es ungefährlich, mit einer hübschen Frau zu flirten. Junge Mädchen sind gefährlich und könnten sie zur Ehe verleiten; aber sie haben keine Angst vor Bigamie. Sie können einem schwulen, verheirateten Flirt süße Worte zuflüstern; sie können mit ihr gehen, reden, tanzen und reiten; Sie können in ihrem düsteren Salon oder in ihrer

Opernloge faulenzen, und niemand wird sie nach dem Grund fragen oder irgendwelche Vorschläge zu ihren „Absichten" machen.

Wie sehr sich dieser Brauch auf die Moral der Frau auswirkt, ist zunächst nicht ersichtlich; Aber wir müssen auf dieser anerkannten Prämisse bestehen: „Die Gesellschaft hat positive Regeln für die Bescheidenheit von Frauen aufgestellt, und abgesehen von diesen Regeln ist es kaum zu glauben, dass es Bescheidenheit geben kann." Denn alle herkömmlichen gesellschaftlichen Gesetze basieren auf den Grundsätzen guter Moral und gesundem Menschenverstand; und sie ohne ausreichenden Grund zu verletzen, zerstört die Freundlichkeit der Gefühle, die Sanftheit des Geistes und die Selbstachtung." Es ist keine Entschuldigung zu sagen, dass Anstand altmädchenhaft ist und dass Männer kluge Frauen mögen oder dass ihre Flirts keinen Schaden anrichten. Die Frage ist: Können verheiratete Frauen ihr feines Denken und ihre edle Art bewahren? Können sie ihren Ehemännern und sich selbst gegenüber in den verschiedenen Phasen eines anerkannten Flirts wirklich loyal sein? Es ist eine unmögliche Sache.

Stellen Sie sich vor, ein schönes Mädchen wird von einem Mann umworben und gewonnen, der ihren Wünschen in jeder Hinsicht entspricht. Sie hat seine Liebe und seinen Namen angenommen und geschworen, an ihm und nur an ihm festzuhalten, bis der Tod sie trennt. Das Werben erfolgte hauptsächlich in voller Kleidung, auf Bällen und in der Oper oder in stundenlangen Vorfreude auf solche Bedingungen. Der Duft von Rosen, das Rascheln von Seide und Spitzen, die Noten der Musik, der Geschmack von Bonbons und Schaumweinen waren die Atmosphäre; und die Tage und Wochen vergingen mit dem Gefühl, in einem Ballsaal fliegende Füße zu haben, oder mit verzaubertem Herumlungern in Gewächshäusern und hinter Palmen und Blumen auf geschmückten Treppen.

Die junge Frau ist nicht bereit zu glauben, dass die Ehe andere und schwerwiegendere Pflichten hat. Ihr wurde beigebracht, nur in der Gegenwart zu leben, und deshalb ist sie zynisch und apathisch, wenn es um alles außer Kleidung und Vergnügungen geht. Der Ehemann muss sich wieder dem Geschäft widmen , das etwas vernachlässigt wurde; Zahlungsrückstände sind zu begleichen. Er hält es für notwendig, sich um die Versorgungsfrage zu kümmern; Wahrscheinlich sind ihm die langen Ferien des Werbens und der Flitterwochen ein wenig peinlich, und er wäre dankbar für eine gewisse Entlassung und einen Ruhestand zum Zweck der Hausarbeit.

Die junge Frau hat keine derartigen Absichten; sie ärgert sich über sie und widerspricht ihnen bei jeder Gelegenheit; und nachdem der erste Anflug der Enttäuschung vorüber ist, hält er es für den klügsten und bequemsten Plan, sich ihrer anhaltenden Frivolität gegenüber gleichgültig zu zeigen. Er fühlt sich vielleicht sogar geschmeichelt, dass sie so sehr bewundert wird; vielleicht war er in seinem Herzen ziemlich dankbar, dass ihm die Mühe erspart blieb, sie zu bewundern. Was ernstere Gedanken betrifft, kommt er zu dem Schluss, dass seine Frau nicht schlechter ist als die Frauen von A, B und C; dass sie durchaus in der Lage ist, auf sich selbst aufzupassen, und dass in einer Vielzahl von Anbetern Sicherheit herrscht.

Damit beginnt in den meisten Fällen die Karriere des verheirateten Flirts. Aber der Charakter ist keine Folge der Ehe, wenn die entsprechenden Bedingungen vorhanden waren, als die Frau eine junge Frau war . Es gibt keine Erlösung in der Eheordnung; Am Altar der Grace Church oder in St. Thomas werden keine Wunder vollbracht. Wer leichtsinnig, leichtsinnig und selbstsüchtig ist, wird wahrscheinlich leichtsinnig, leichtsinnig und selbstsüchtig bleiben; und die Ehe bietet ihr lediglich ein größeres Feld und größere Möglichkeiten, ihrer Eitelkeit und Gier nachzugeben.

Mit allen Vorteilen der Jugend, Schönheit, Reichtum und Freiheit tritt sie wieder in die Gesellschaft ein; von den Behinderungen befreit, unter denen unverheiratete Mädchen leiden; bewaffnet mit neuen Kräften, um zu verblüffen und zu erobern. Sie ist keine Konkurrentin mehr um einen Ehepreis, sondern eine zehnmal gefährlichere Rivalin als früher. Abgesehen von dem Unrecht, das der Heiligkeit der ehelichen Beziehung zugefügt wurde, wird sie nun zur subtilsten Feindin der Aussichten aller unverheirateten Mädchen in ihrer Gruppe. Was ist die Knospe der perfekten Rose? Das schüchterne, errötende Mädchen verblasst und verblasst vor der verheirateten Sirene, die die Kühnheit und den Charme einer bewussten Intelligenz besitzt. Nicht umsonst sind besondere Bälle und Partys für gesellige Freunde in Mode gekommen; Sie sind die notwendige Folge zur Vorherrschaft verheirateter Sirenen, mit denen in einer gemischten Gesellschaft kein junges Mädchen zurechtkommt. Sie haben das Wort und die Partner; Sie monopolisieren die gesamte Aufmerksamkeit und ihr Vergnügen ist von größter Bedeutung. Und ihr Vergnügen ist es zu flirten — an jedem Ort und zu jeder Zeit.

Vergebens wird eine junge Heiratsanwärterin in der Gegenwart des verheirateten Flirts ihre hübschen Leistungen zur Schau stellen. Sie singt vielleicht ihre Lieder und spielt ihre Mandoline vielleicht nie so süß, aber die jungen Männer entgleiten mit der einen oder anderen der pikanten Bräute des vergangenen Jahres. Und in der Privatsphäre des Raucherzimmers wird über die Bräute und nicht über die jungen Mädchen gesprochen — welche Kleider sie tragen oder voraussichtlich tragen werden, wie ihre Haare frisiert sind, über die Geschichte der Juwelen, die sie schmücken, und die klugen Dinge, die sie gesagt oder angedeutet haben.

Bevor wir die damaligen Gesellschaftsmädchen zu sehr verurteilen, sollten wir uns mit dem neuen Feind befassen, der ihrem Aufstieg in die Ehe im Wege steht. Ist es nicht ganz natürlich, dass die mutigsten Mädchen den zweitrangigen Platz, den ihnen verheiratete Flirts zuweisen, ablehnen und versuchen, diesen Eindringlingen mit ihren eigenen Waffen entgegenzutreten? Wenn dem so ist, ist ein großer Teil der Vorwärtsgewandtheit des jetzigen jungen Mädchens auf die Notwendigkeit zurückzuführen, die ihr von diesen verheirateten Konkurrenten aufgezwungen wurde. Denn es ist eine Tatsache, dass junge Männer sich an letztere wenden, um Rat und Mitgefühl zu suchen. Sie erzählen ihnen von den Mädchen, die sie mögen, und ihre Fantasien werden im Keim erstickt. Denn der erste Instinkt des verheirateten Flirts besteht darin, allen anderen Frauen den Hauch von Romantik zu entziehen, mit dem der Adel und die Ritterlichkeit der Männer seit Jahrhunderten die Fraulichkeit ausgestattet haben. So weist sie mit schonungsloser Genauigkeit auf alle kleinen Künste hin, die andere Frauen anwenden; und ist nicht nur eine Rivalin eines jungen Mädchens, sondern eine Verräterin ihres gesamten Geschlechts.

Und doch wird sie nicht nur geduldet, sondern verwöhnt. Menschen, die Unterhaltungsveranstaltungen veranstalten, wissen, dass ihr Erfolg in hohem Maße von der Anzahl der anwesenden schönen jungen Frauen abhängt. Sie wissen, dass die Situation völlig falsch ist, sind sich aber sicher, dass sie das Unrecht weder bekämpfen noch korrigieren können; und in der Zwischenzeit wird ihr besonderer Ball das Übel nicht sehr vergrößern. Noch vor nicht einmal fünfzig Jahren waren es die jungen Schönheiten, die berücksichtigt und betreut wurden, und die Herren, die zu einer Unterhaltung eingeladen wurden, wurden im Hinblick auf die unverheirateten Mädchen gefragt; denn es war klar, dass alle anwesenden verheirateten Frauen natürlich in ihren eigenen Ehemännern verwickelt sein würden. Dann hätte eine Frau, die die Aufmerksamkeit eines jungen Mannes nach dem anderen angenommen hätte, die Verachtung und Missbilligung aller anwesenden Männer und Frauen hervorgerufen.

Eitelkeit bringt junge Frauen zunächst zum Flirten, doch schon bald folgen gröbere Motive. Welche anderen Erfahrungen die Ehe auch mit sich bringt, sie stimuliert im Allgemeinen die Liebe einer Frau zum Geld; und die verheiratete Sirene macht ihren „Anhängern" bald klar, dass sie „eine sehr praktische kleine Frau ist und sich nicht für ein Sonett, eine Serenade oder einen Strauß frischer Blumen interessiert". Eine Sommerkreuzfahrt auf einer schönen Yacht, ein Sitzplatz in einer Kutsche, eine Opernloge, ein Juwel, Abendessen, Fahrten und Mittagessen sind die Erpressung, die die verheiratete Flirtin als Gegenleistung für ihre Seufzer, Gefühle und Ratschläge erwartet.

Es ist in der Tat merkwürdig, den Wandel der Mode in dieser Hinsicht zu beobachten. Lass irgendjemanden Wenn man die Romane von vor einem halben Jahrhundert durchblättert , erkennt man, dass der beliebteste Plan, die Ehre einer Frau zu gefährden, darin bestand, sie dazu zu bringen, Geld zu leihen oder Juwelen zu schenken. Wenn die unglückliche Heldin dies getan hätte, hätte kein Schriftsteller es gewagt, sich für sie zu entschuldigen. Aber dieses Zeitalter des Luxus und der Nachlässigkeit hat die gewissenhafte Zartheit der Evelinas und Cecilias der alten Geschichten sprengen lassen, und die herrlich freien weiblichen Ulanen unserer modernen Gesellschaft lachen, um die primitivste Bescheidenheit des Richardsonschen Standards zu verachten. Sie behaupten, wenn auch nicht in Worten, so doch durch ihre Taten, das Recht einer Frau, ihre Faszinationen für sie nutzbar zu machen.

Einige verheiratete Frauen behaupten, dass ihre Flirts völlig harmlose Freundschaften seien. Aber in allen Schichten der Gesellschaft ist es gefährlich, wenn zwei Menschen des anderen Geschlechts gemeinsam die Litanei der Kirche Platons singen. Die beiden, die es sicher tun könnten, wären genau die beiden, denen eine solche Unvorsichtigkeit niemals einfallen würde. Wer solche „Freundschaften" mit scheinbar unschuldigsten Absichten eingeht, sollte sich scharf verhaften, sobald „über sie gesprochen" wird. Denn in gesellschaftlichen Urteilen gilt das Diktum „Menschen, von denen gesprochen wurde, bekommen im Allgemeinen, was sie verdienen", so ungerecht es auch erscheinen mag.

Eine andere Klasse verheirateter Flirts verachtet jede Entschuldigung oder den Anschein bloßer Freundschaft. Sie vertreten die Emanzipation der Frau und das Recht eines Geschlechts auf ebenso viel Freiheit wie das andere. Diese Art von Sirene sagt kühn: „Sie hat nicht die Absicht, eine Sklavin zu sein wie ihre Mutter und ihre Großmutter." Sie hat nicht vor, sich an ein Haus oder eine Wiege zu binden." Sie reist, sie lebt auf Yachten und in Hotels, und einen Kindergarten plant sie nicht. Sie spricht von Wahlverwandtschaften, natürlichen Gefühlen des Herzens, und stellt die Möglichkeiten solcher Bedingungen den Einschränkungen und der Monotonie häuslicher Beziehungen gegenüber. Sie macht sich für die allerhöchsten natürlichen Pflichten der Frau wertlos und spricht dann von ihrer Entrechtung! Ja, sie hat ihre Freiheit, und was bedeutet das? Mehr Kleider und Schmuck, mehr Besuche und Reisen; während die ganze Welt der elterlichen Pflichten und häuslichen Zärtlichkeiten zu ihren Füßen in Trümmern liegt.

Die Verbannung des verheirateten Flirts in seinen eigentlichen Bereich und seine Pflichten liegt außerhalb der Macht eines einzelnen Einzelnen. Die Gesellschaft könnte den nötigen Protest einlegen, tut es aber nicht; Denn wenn die Gesellschaft etwas ist, dann ist sie nicht eingreifend. Es sieht gut aus, dass das äußere Erscheinungsbild seiner Mitglieder in der Öffentlichkeit respektabel ist; mit nicht entdeckten Fehlern stört es sich nicht. Eine Anklage muss definitiv erhoben werden, bevor sie die Notwendigkeit sieht, davon Kenntnis zu nehmen. Und die Gesellschaft weiß genau, dass diese verheirateten Sirenen wie Magnete anziehen. Außerdem erklärt jeder Entertainer: „Ich bin weder der Hüter meiner Schwester noch ihr Inquisitor oder Beichtvater." Wenn ihr Mann die Launen der hübschen Frau toleriert, welches Recht habe ich, welches Recht hat irgendjemand, ein Wort über sie zu sagen?"

Aber es ist eine Tatsache, dass, wenn die Gesellschaft Frauen missbilligen würde, die sich die Privilegien sowohl junger Mädchen als auch von Frauen anmaßen, dieser Brauch abgestanden und beleidigend würde. Wenn es aufhören würde, junge verheiratete Frauen anzuerkennen, die mit ihren Ehemännern im Einklang stehen, wie Millamant in „The Way of the World" beschrieben hat – „ so seltsam, als wären sie schon lange verheiratet, und so gut erzogen , als ob sie es wären." „Ich war noch nie verheiratet" – junge verheiratete Frauen würden sich besser benehmen. Es wird allgemein angenommen, dass Herr Congreve seine Stücke in einem sehr ausschweifenden Alter schrieb; in Wirklichkeit scheinen sie für eine anständige, eher geradlinige Generation geschrieben worden zu sein, wenn wir sie mit unserer eigenen vergleichen.

Schwiegermutter

SCHWIEGERMÜTTER sind Mütter, für die es kein Gesetz, keine Gerechtigkeit, kein Mitgefühl und auch nicht den Anteil an Fairplay gibt, den ein durchschnittlicher Amerikaner bereit ist, selbst einem offenen Gegner zu gewähren. Jeder kleine Witzbold, jeder alberne Scherz hält sie für einen fertigen Witz; Und das Wunderbare und Bedauerliche daran ist, dass der so unverdiente und so lange andauernde Missbrauch keine Vorkämpfer aus dem Geschlecht hervorgebracht hat, das der Frau in jeder Beziehung des Lebens so viel zu verdanken hat.

Der Zustand einer Schwiegermutter ist voller Pathos und Selbstverleugnung, und alle damit verbundenen Vorwürfe kommen von denen, deren Egoismus und Egoismus ihr Zeugnis von geringem Wert machen sollten. Ein junger Mann zum Beispiel verliebt sich in ein Mädchen, das ihm als die Summe aller Vollkommenheiten erscheint – Vollkommenheiten, die teils von der Mutter geerbt und teils kultiviert wurden, an deren Seite sie zwanzig Jahre lang gelebt hat. Sie ist die Freude des Herzens ihrer Mutter, sie erfüllt all ihre Hoffnungen und Träume für die Zukunft; und das Mädchen selbst glaubt, dass nichts sie von einer so lieben und hingebungsvollen Mutter trennen kann.

Während der Mann die Tochter umwirbt, erscheint ihm diese wundersame Fähigkeit, Zuneigung zu fesseln, als eine sehr hübsche Sache. Erstens hält es die Mutter auf seiner Seite; Im zweiten Teil freut er sich darauf, diese Fähigkeit mit einem rein persönlichen Zweck auszustatten. Zu diesem Zeitpunkt ist seine zukünftige Schwiegermutter ein sehr angenehmer Mensch, denn er ist sich des Vaters und der Brüder des Geliebten unangenehm bewusst. Er ist dann dankbar für jede Ermutigung, die sie ihm geben könnte. Gerne berät er sich mit ihr; schmeichelt ihrer Meinung, macht ihr Geschenke und regt ihre weiblichen Instinkte in Bezug auf Liebesaffären so an, dass sie an seiner Seite steht, wenn er „mit Papa sprechen muss", und durch ihre Gunst und ihr Taktgefühl werden die rauen Stellen glatt und die krummen Stellen geglättet Orte einfach. Bis die Ehe vorbei ist und das ersehnte Mädchen seine Frau ist, gibt es in den Augen des Liebhabers niemanden, der so wichtig ist wie die Mutter des Mädchens.

Plötzlich ist alles anders. Wenn die jungen Leute von der Hochzeitsreise zurückkommen, herrscht ein anderer Ton und eine andere Atmosphäre. Der junge Ehemann ist jetzt in seinem eigenen Haus und breitet sich aus wie ein Pfau im vollen Federkleid. Er meint, „Mama" mischt sich zu sehr ein. Er ärgert sich über die Vertrautheit, mit der sie mit *seiner* Frau spricht. Er hat das Gefühl, dass ihre Spekulationen über ihre künftigen Bewegungen eine Zumutung waren. Er sagt ohne zu erröten, dass ihr Besuch „langweilig" gewesen sei. Und die Braut, geschmeichelt von seinem Wunsch, keine Gesellschaft außer ihrer eigenen zu haben, gibt zu, dass „die liebe Mama wählerisch und überschwänglich ist." Beide haben die Tage vergessen, als der junge Ehemann seiner Schwiegermutter sehr langweilig war , als es ihr tatsächlich sehr schwer fiel, seine Anwesenheit zu ertragen; und beide haben vergessen, wie sie, um ihr Glück zu sichern, ihre eigenen Wünsche und Vorurteile opferte.

Wie oft besucht diese arme Mutter ihr Kind, bevor sie merkt, dass es langweilig ist? Wie viele Brüskierungen und Kummer muss sie ertragen, bevor sie die Lage begreift? Sie hofft gegen die Verzweiflung. Sie weint und wischt sich die Tränen weg; Sie versucht es erneut, wird aber erneut verwundet. Ihr eigener Mann ärgert sich ein wenig über sie und rät der Mutter dann mit einem Anflug von Wut über sein undankbares Kind, „sie in Ruhe zu lassen". Doch nach und nach kommt ein Baby zur Welt, das es nicht mehr weghalten kann. Sie kümmert sich liebevoll um das Kind und seine Mutter. Sie ist sich sicher, dass niemand ihren Platz einnehmen kann. Sie irrt sich sehr. Das Baby ist eine neue Art von Baby; Es gab noch nie ein so perfektes Muster; und die Eltern – über alle Maßen erhaben über die Perfektion, für die sie allein verantwortlich sind – betrachten ihren Stolz und ihre Freude als einen Eingriff in ihre neuen Ehren und Verantwortlichkeiten. Das Glück hat sie nur verhärtet; und nach einer Weile verstehen die Mutter und die Schwiegermutter ihren Verlust und verzichten demütig darauf, sich einzumischen. Oder, wenn sie eine unvorsichtige Zunge hat, spricht sie unüberlegt damit, und ihre Worte bohren sich ins Herz, und die „Mutter" wird vergessen, und die „Schwiegereltern" bleiben zurück, um jedes bösartige Wort zu tadeln und jeden Egoisten zur Rechenschaft zu ziehen Unfreundlichkeit.

Natürlich trifft diese Beschreibung in einer Beziehung, die unendlich viele Varianten zulässt, nur auf eine bestimmte Anzahl zu. Aber es ist eine sehr große Zahl; denn es gibt nur wenige Familien, die sich nicht an einen solchen Fall unter ihren Mitgliedern oder Bekannten erinnern können. Dennoch tun es viele Töchter tugendhafter und hegen eine treue Zuneigung zu ihrem alten Zuhause. Wenn sie weise und liebevoll und besonders selbstlos sind, werden sie ihre Ehe sicher durch die engen Untiefen tragen, die die beiden Haushalte trennen. Aber das Problem ist, dass frisch verheiratete Menschen sowohl egoistisch als auch dumm sind. Sie fühlen sich als die einzigen Personen von Bedeutung und denken, dass alles zu ihrem Vergnügen arrangiert werden sollte. Die feierliche Majestät der Haushaltsführung der jungen Frau darf nicht kritisiert , qualifiziert oder inspiziert werden; Der neu geschaffene Hausbesitzer glaubt nicht, dass „die Erde dem Herrn gehört" oder sogar den Menschenkindern; es ist alles sein eigenes. Und ihre Freunde stimmen stillschweigend zu, eine Weile über diesen Egoismus zu lächeln, denn wirklich alle Welt liebt einen Liebhaber; und jeder ist bereit, der Braut und dem Bräutigam eine kurze Ruhepause von den tristen Sorgen und dem Alltagsgeschäft zu gönnen.

An diesem anhaltenden Gegensatz zur Schwiegermutter sind zwei Punkte bemerkenswert. Das erste ist, dass der Ehemann, der oft besonders rachsüchtig gegenüber der Mutter seiner Frau ist, sehr wenig gegen ihre männlichen Verwandten zu sagen hat. Wenn das Mädchen, das er heiratet, mutterlos ist, streitet er nicht mit seinem Schwiegervater; obwohl er sich vielleicht genauso einmischt wie jede Schwiegermutter. Wenn das Mädchen jedoch nicht mutterlos, sondern vaterlos ist, beginnt der Ehemann sofort, seine Liebe zu seiner Frau durch eine systematische Respektlosigkeit gegenüber ihrer Mutter zu zeigen. Doch vielleicht einen Monat zuvor hatte er sie für eine sehr liebenswürdige Dame gehalten, er hatte ihr viele Höflichkeiten erwiesen, er hatte sie um Rat zu allen Einzelheiten seiner Ehe gebeten. Was bringt ihn dazu, ihr wenig später jede häusliche Schuld vorzuwerfen? Wie kommt es, dass sie plötzlich „so eigensinnig" geworden ist? Nie zuvor hatte er entdeckt, dass sie seine Frau wie ein Kind und ihn selbst wie ein Anhängsel behandelt. Und wie schafft er es, seiner Braut auch das Gefühl zu geben, dass „die liebe Mama sich Mühe gibt und deshalb nicht in der Lage ist, die Dinge zu verstehen." Es ist ein Mysterium, das jedoch damit endet, dass die Schwiegermutter das Gefühl bekommt, dass ihr neuer Verwandter sie völlig missbilligt. Die Wahrheit ist, dass der Liebhaber vor der Heirat Angst vor den Männern der Familie seiner Frau hatte. Sie könnten seine Absichten ernsthaft beeinträchtigt haben. Nach der Heirat weiß er, dass sie seiner Frau zuliebe höflich zu ihm sein werden. Dann waren ihm die Frauen der Familie vor der Heirat nützlich, danach kann er auf sie verzichten. Er hat die Frau gefunden, die er unbedingt haben wollte, und er wünscht sich, sie ganz und gar zu haben. Ein Lächeln, ein Wort oder eine freundliche Geste gegenüber jemand anderem wird ihm so sehr von seinen Rechten genommen. Er möchte nicht nur ihre Gegenwart und Zukunft an sich reißen, sondern auch ihre Vergangenheit.

Der andere bemerkenswerte Punkt ist die ungerechtfertigte Abwälzung aller Mängel der Schwiegermutter auf die Schultern der Mutter der Frau; Dies ist besonders ungerecht, da nicht nur die Tageszeitungen, sondern auch das Privatwissen jedes Einzelnen reichliche Beweise dafür liefern, dass nicht die Mutter der Frau , sondern die Mutter des Mannes am Ende von neun Zehnteln steht häusliches Elend, das aus dieser Quelle entsteht. Mit ein wenig Ermutigung wird die Mutter der Frau den Mann mögen, ja sogar lieben, der ihre Tochter allen anderen Frauen vorgezogen hat. Die Mutter des Mannes mag die Frau ihres Sohnes nie wirklich. Und junge Frauen vergessen oft, wie bitter es für eine Mutter ist, ihren Sohn ein für alle Mal einem Mädchen zu überlassen, das sie überhaupt nicht mag. Vielleicht waren

Sohn und Mutter bisher jeder füreinander und alles, und es ist nur menschlich, dass letztere heftig und ständig mit einer unfreiwilligen Eifersucht und einer grausamen Schnellsichtigkeit für kleine Fehler seiner Frau kämpfen muss. Es ist nur menschlich, dass sie versucht, Ärger zu machen und sich darüber freut, dass ihr Sohn mit seiner Frau weniger glücklich ist als mit ihr, und dass er in seiner Enttäuschung Trost bei ihr sucht. Die Liebe einer Mutter ist oft eine sehr eifersüchtige Liebe; und eine eifersüchtige Mutter ist ebenso unvernünftig wie eine eifersüchtige Ehefrau; Sie kann der Frau ihres Sohnes das Leben bitter schwer machen, und um ihrer Gerechtigkeit gerecht zu werden, tut sie dies sehr oft . Wenn dann die Frau – verwundet und unvorsichtig – mit ihren Sorgen und ihrem Unrecht zu ihrer eigenen Mutter geht, ist es die natürliche Einstellung des Mannes, die Schuld von seiner eigenen Mutter auf die Mutter seiner Frau abzuwälzen. Tatsächlich gibt es so viele Möglichkeiten, wie dieses Elend in einen Haushalt eindringen kann, dass es unmöglich ist, sie zu definieren; denn es gibt in jedem Fall gerade genug Abwechslung, um jedem eine Individualität des Leidens zu verleihen.

Was ist dann zu tun? Lassen Sie uns sofort zugeben, dass unsere Beziehungen uns nur halb so viel Schmerz und Kummer bereiten, wie wir im Leben erleiden; aber jeder kann etwas tun, um die Haftung zu verringern. Wir erinnern uns vielleicht daran, dass all diese Streitereien aus einem Übermaß an Liebe entstehen und dass ein Streit, der aus Liebe entsteht, hoffnungsvoller ist als einer, der aus Hass entsteht. Als Schwiegermütter sagen wir uns vielleicht, dass wir, wenn unsere Kinder verheiratet sind , nicht mehr das erste Recht auf sie haben. Es muss den jungen Menschen überlassen bleiben, das Beste aus ihrem Leben zu machen, und wir dürfen uns niemals einmischen oder Ratschläge geben, bis wir danach gefragt werden. Eine weitere, kaum vermutete Irritation ist das spürbare Vorantreiben der neuen Beziehung. Auf beiden Seiten ist es gut, es nicht eilig zu haben, es einzufordern. Ein Mädchen nimmt einen Mann im Guten wie im Schlechten, aber nicht alle seine Verwandten. Die Liebe zu ihrem Mann beinhaltet nicht die Bewunderung für alle in seiner Verwandtschaft; Das wird auch nicht der Fall sein, bis das Tausendjährige Reich alle Gemüter vollkommen gemacht hat. Und wiederum lässt sich ein Mann nicht gern in ein kindliches Gefühl für die Familie seiner Frau hineinziehen. Manchem Mann würde es seinen neuen Verwandten besser gefallen, wenn sie ihm in dieser Angelegenheit das Gefühl völliger Freiheit ließen.

Der Hauptpunkt ist, dass Männer einem traditionellen Missbrauch ein Ende setzen sollten, der jede Frau in jedem Haushalt betrifft. Sie können es schaffen! Manch ehrlicher, männlicher Kerl würde vor Scham brennen, wenn er nur bedenken würde, wie oft er das alberne, ungerechtfertigte Lachen, mit dem elende Gaukler und Negersänger, enttäuschte Liebhaber und andere

Unfähige über die Frauen des Landes schleudern, nicht nur zugelassen, sondern auch mitgemacht hat sein eigener Haushalt. Denn wenn ein Mann verheiratet ist oder jemals heiraten möchte, ist seine eigene Mutter eine Schwiegermutter oder muss es sein. Wenn er Schwestern hat, wird ihr Schicksal sie wahrscheinlich in die gleiche Lage bringen. Die schönste junge Braut hat die Aussicht vor sich; Die kleine Tochter in der Wiege kann ihre eigene Mutter oder eine andere Mutter für langweilig halten, wenn es nicht ein besseres Verständnis für eine Beziehung gibt, die in der Tat alles andere als lächerlich ist. Im Gegenteil, die Einweihung dorthin ist im Allgemeinen ein Opfer, das mit unendlichem Kummer und Angst und mit vielen Tränen des Kummers erbracht wird.

In den Theatern, in den kleinen Kreisen, in denen das Zuhause jedes Mannes den Mittelpunkt bildet, überall dort, wo gedankenlose Narren Frauen und Mutterschaft lächerlich machen, liegt es in der Macht von zwei oder drei guten Männern, diese Gewohnheit abwertend und unmodern zu machen. Sie können aufhören, über die elenden kleinen Witze zu lachen und den vulgären Geist, der sie wiederholt, mit Verachtung behandeln. Denn die Männer, die bittere Dinge über Schwiegermütter sagen, sind entweder selbstsüchtige Egoisten, die sich aus dieser Quelle Ärger gemacht haben, oder sie sind moralische Idioten, die wie Papageien alberne Scherze wiederholen, deren Bedeutung und Bosheit sie nicht einmal verstehen .

Gute und schlechte Mütter

DER Unterschied zwischen guten und schlechten Müttern ist so groß und weitreichend, dass man ohne Übertreibung sagen kann, dass die guten Mütter dieser Generation die Häuser der nächsten Generation bauen und dass die schlechten Mütter die Gefängnisse bauen. Denn aus Familien entstehen Nationen; Und wenn der Vater das Haupt und die Hände einer Familie ist, ist die Mutter das Herz. Kein Amt auf der Welt ist so ehrenhaft wie ihres, kein Priestertum so heilig, kein Einfluss so süß, stark und nachhaltig.

Für diese enorme Verantwortung hat Mutterliebe immer ausgereicht. Die unwissendsten Frauen haben darauf vertraut; und die Gelehrtesten erkannten ihr Potenzial, als alle ihre Theorien scheiterten. Und weder weise Männer noch weise Frauen werden sich jemals etwas ausdenken, das die Mutterliebe bei der Kindererziehung ersetzen könnte. Wenn andere gute Dinge vorhanden sind, verherrlicht es sie; wenn es nichts anderes Gutes gibt, ist es ausreichend. Denn Mutterliebe ist der Geist der Selbstaufopferung bis zum Tod, und Selbstaufopferung ist die Speise und der Trank aller wahren und reinen Zuneigung.

Dennoch setzt dieser bedeutsame Zustand einen zentralen Einfluss, eine Verpflichtung seitens des Kindes voraus, die ihn erwidern wird; und dieser zentrale Einfluss liegt im *Gehorsam* . Es gab einmal ein Kind im Judentum, das „wunderbar" genannt wurde, und doch ist die bedeutendste Tatsache, die über seine Kindheit aufgezeichnet wurde, dass es „seinen Eltern unterworfen" war. Tatsächlich wird nichts anderes über das Kind erzählt, und wir müssen zu dem Schluss kommen, dass in der prägnanten Tatsache seines jungenhaften Gehorsams das Geheimnis seiner zukünftigen vollkommenen Männlichkeit lag. Selbstlose Liebe in der Mutter! fröhlicher Gehorsam bei den Kindern! In welchem Heim auch immer diese Kräfte ständig am Werk sind, dieses Heim kann kein Misserfolg sein. Und Mutterliebe ist weder von der richtigen Art noch von der höchsten Tendenz, es sei denn, sie zwingt zu diesem Gehorsam.

Die Behauptung, dass liebevolle Festigkeit und sogar heilsame Züchtigung in unserer fortgeschrittenen Zivilisation unnötig seien, ist fadenscheinig und gefährlich. Die Kinder von heute haben ebenso viele rudimentäre Laster wie zu Zeiten der Patriarchen; Im Allgemeinen sind sie von der Wiege an eigensinnig und zum Bösen geneigt; gierig, ohne zu erröten, und bereit zu lügen, sobald sie den Gebrauch der Sprache entdecken. Eine gute Mutter verschließt vor diesen Tatsachen nicht die Augen; Sie akzeptiert ihr Kind als unvollkommen und erzieht es mit unermüdlicher Liebe und Fürsorge für seine höchsten Pflichten. Sie nennt Unverschämtheit nicht „Klugheit", Ungehorsam nicht „Übermut", noch Egoismus, „auf sich selbst aufzupassen", noch Lüge und Unehrlichkeit „Schärfe". Sie weiß, was für einen Mann ein solches Kind sein wird, wenn das Kind Vater für den Mann sein soll.

Wie man mit kleinen Kindern umgeht; wie man sie körperlich stärkt; wie man am besten ihren Intellekt weckt, ihre Zuneigung weckt und ihr Vertrauen gewinnt; Wie man das Zuhause zum schönsten Ort der Welt macht, zu einem Ort der Liebe, Ordnung und Ruhe, zu einem Tempel der Reinheit, in dem die Unschuld respektiert wird und in dem es niemandem erlaubt ist, über unanständige Themen zu sprechen oder unanständige Bücher zu lesen – das sind die Pflichten einer guten Mutter; und ihre Position ist, wenn sie so besetzt ist, von Würde und großer Bedeutung. Denn auf dem Herdstein gibt sie ihren Söhnen und Töchtern die feine, gesunde Anfangsberührung, die im Laufe des Lebens nicht vergeht und sie in ihrer Generation gesegnet macht.

Es gibt noch eine andere Pflicht, eine sehr heilige, die manche Mütter, so gut sie sonst auch sind, entweder gedankenlos oder mit falschen Vorstellungen an andere delegieren: die religiöse Erziehung ihrer Kinder. Keine Sonntagsschule und keine Kirche kann das für sie tun. Das Kind, das „Vater unser" auf den Knien seiner Mutter lernt, das von Mutters Lippen die heroischen und zärtlichen Geschichten der Bibel hört, hat in seiner Seele eine Quelle religiösen Glaubens, die kein Leben nach dem Tod, wie hart, schnell und zerstörerisch es auch sein mag, austrocknen kann hoch. Es ist daher unvorstellbar, wie eine Mutter zulassen kann, dass eine andere Frau ihr den Einfluss auf ihre Kinder nimmt, den nichts zerstören kann; an eine Erinnerung in ihrem Leben, die so süß ist, dass jede andere Erinnerung, wenn sie verwelkt ist und sich dem Verfall nähert, immer noch frisch und grün sein wird – ja, sogar bis zum Grab. Familie! Land! Menschheit! diese drei, aber die größte der drei ist die Familie; und das Herz der Familie ist die gute Mutter. Glücklich die Kinder, die eins haben! Mit ihnen

„ Glaube an die Frau. "

Sie schlagen mit ihrem Blut und vertrauen auf alles, was hoch ist

Fällt ihnen leicht."

Aber wenn selbstverleugnende, selbstlose Liebe das wichtigste Wesensmerkmal einer guten Mutter ist, dann ist dies eine schlechte Zeit für ihre Entwicklung. Egoismus und Selbstsucht sind der Zeitgeist, und sein eiskaltes Gift hat die Weiblichkeit infiziert und sogar das heilige Prinzip der Mutterschaft berührt. Bei manchen Frauen nimmt es die Form einer Pflicht an. Sie halten ihre eigene mentale Kultur für äußerst wichtig; Sie möchten Vorlesungen besuchen, Unterricht nehmen und sich einem besonderen

Studium widmen. Oder der versklavte Zustand ihres eigenen Geschlechts beunruhigt sie; Sie denken an die unterdrückten Ladenmädchen Amerikas oder an die abgelegenen Odalisken in irgendeinem östlichen Serail, oder sie sind Geistliche proclivitiesund übernehmen den Vorsitz bei kirchlichen oder politischen Versammlungen und halten vor ihrem Spezialclub Vorträge über die Behinderung von Frauen. Auf diese und viele andere Arten stellen sie die natürliche Mission der Frau als einen tierischen Instinkt beiseite, der ihrer geistigen Entwicklung nicht förderlich ist.

Nun wird niemand etwas dagegen haben, dass Frauen sich religiösen und wohltätigen Zwecken widmen; aber diese Hingabe sollte vor der Ehe erfolgen. Wenn sie die Position der Ehefrau angenommen haben, ist es eine ungeheuerliche Sache, sich durch die Konsequenzen erniedrigt zu fühlen oder die Betreuung von Kindern als Verschwendung ihres eigenen Lebens zu betrachten. Die Welt kommt ohne gebildete Frauen aus, aber nicht ohne gute Ehefrauen und Mütter; und wenn verheiratete Frauen es vorziehen, gesellschaftliche Zierden und intellektuelle Amateure zu sein, werden sie vielleicht Philanthropinnen und Gelehrte genannt, aber sie sind dennoch moralische Versager und schlechte Mütter.

Auch die Gesellschaft hat die Mutterschaft aus der Mode gebracht, und wenn man die durchschnittliche Gesellschaftsfrau betrachtet, ist das vielleicht auch gut so. Keine Kinder sind verlassener und bemitleidenswerter als die Waisen einer Frau, deren Leben dem gewidmet ist , was sie „Vergnügen" nennt. In bescheidenen Verhältnissen geborene Babys werden an der Brust ihrer Mutter gestillt und in ihren liebevollen Armen gehalten. Sie bringt ihnen Laufen und Lesen bei. In all ihrem Schmerz tröstet sie sie; an all ihren Freuden hat sie Anteil; In all ihrem Unrecht ist „Mutter" eine allgegenwärtige Hilfe und Trösterin. Das Kind der eleganten Frau wird allzu oft sofort der Fürsorge eines Fremden anvertraut, von dem man für ein paar Dollar im Monat erwartet, dass er die mütterlichen Pflichten für sie erfüllt. Wenn es nicht die verdorbene, wahrscheinlich kranke Milch eines Bauern saugt, hat es die Flasche und das Gummimundstück , wenn die verantwortliche Frau sich dafür entscheidet, es zu geben. Aber sie ist oft schlecht gelaunt oder schläfrig, oder die Milch ist nicht zubereitet, oder sie ist mitten in einem gemütlichen Klatsch, oder sie kleidet sich an oder füttert sich selbst, und es ist nicht zu erwarten, dass sie sechzehn Jahre alt ist. Dollar-ein Monat Baby vor ihrem eigenen Komfort oder Vergnügen.

Das Kind kann nicht über Hunger klagen, es kann nur weinen und wird höchstwahrscheinlich beim Weinen geschlagen. Es ist mühsam zu untersuchen , woran diese vernachlässigten Kleinen leiden . Die Krankenschwester, die es gewohnt ist, rund um die Uhr ihren Tee und ihr Bier zu trinken, trinkt das nicht, sie selbst schätzt kaltes Wasser, und sie kann sich nie vorstellen, dass das Kind es braucht. Manches Baby gelangt, nachdem es stundenlang mit fieberhaftem, verzehrendem Durst gequält wurde, in die Hände des Arztes, bevor die Krankheit erkannt wird. Aber wenn die eigene Mutter das Kind gestillt hätte, hätte sie nicht lange gebraucht, um den Grund für seine ungeduldige, dringende Unruhe herauszufinden.

Lassen Sie jede sanftmütige Frau in den Park gehen und eines dieser unglücklichen Kinder in der Obhut seiner Amme beobachten. Die heiße Sonne brennt auf das kleine, nach oben gerichtete Gesicht, und die unwissende Kreatur, die das Sagen hat, fährt mit ihrem Flirt, ihrem Klatsch oder ihrem Roman fort. Das Kind ist vielleicht am Punkt des Schreiens, weil es so lange in einer Position liegt, aber es gibt niemanden, der die Notwendigkeit versteht. Während dieser schrecklichen Stunden, in denen sich seine Zähne durch heißes und geschwollenes Zahnfleisch drängen – Stunden, die Erwachsenen unbeschreibliche Ausrufe einbringen würden – ist die verlassene kleine Leidende einer schläfrigen, selbstgefälligen Frau ausgeliefert, die keine Liebe für sie empfindet. Warum eigentlich sollte sie? Wenn es so wäre Eine Frage des Katechismus: Wie viele gebildete Frauen wären in der Lage, wochenlang gutmütig ein unruhiges, krankes Kind zu stillen, das nicht ihr eigenes ist?

Was diese vernachlässigten Babys vergnügungssüchtiger Frauen betrifft, so leiden sie furchtbar, aber dann haben ihre Mütter eine ihrer Meinung nach vollkommen schöne Zeit, posieren in der Oper oder tanzen in irgendeinem Ballsaal, exquisit gekleidet, und lachen so leicht, als ob es sie gäbe keine schmerzhaften Echos aus ihren vernachlässigten Kinderstuben. Denn keine Krankenschwester neigt dazu, sich über ihr Baby zu beschweren, dafür kennt sie ihr Geschäft und ihre Interessen zu gut; Sie spricht lieber angenehme Worte und schwört: „Der kleine Liebling wird von Stunde zu Stunde besser und besser, Gott segne ihn!" und so überzeugt geht die Mutter unbekümmert davon und redet sich ein, dass ihre Amme ein vollkommener Schatz sei. Was auch immer andere Krankenschwestern tun mögen, sie weiß, dass ihre Krankenschwester zuverlässig ist. Tatsache ist, dass selbst wenn es Kinder im Kindergarten gibt, die in der Lage sind, sich über das Unrecht und die Grausamkeiten zu beschweren, die sie ertragen müssen, sie es sehr selten wagen, dies zu tun. Mama ist eine liebe, schöne Frau, sehr weit weg; Die Krankenschwester ist eine allgegenwärtige Macht, die sie noch mehr leiden lassen kann . Und Mama hört nicht gern Geschichten, sie scheint sich immer über alles zu ärgern, was gegen die Krankenschwester ist. Sie blicken ihrer Mutter mit Augen voller trauriger Geschichte ins Gesicht, wenn sie nur den Mut hätte, sie zu verstehen; aber sie wagen es nicht zu sprechen, und schon bald werden sie mit einem Kuss und der Aufforderung, „gut zu sein und zu tun, was die Amme ihnen sagt", zu ihrem grausamen Wärter zurückgeschickt.

Denken Sie an die Frauen, an die diese Klasse von Müttern ihr hohes Amt delegiert – ein Amt, für das kaum Liebe oder Weisheit ausreicht. Es wäre kaum möglich, auf der ganzen Welt einen dafür ungeeigneteren Menschen zu finden. Wenn man diese Klasse als Ganzes betrachtet, werden diese Mütter nicht müde, sich über ihre grobe Unmoral, Hinterlist, Gier und Unehrlichkeit zu äußern; Dennoch zögern sie nicht, das Leben ihrer Kinder der Obhut dieser Frauen zu überlassen, deren erste Lektionen für sie Lügen und Betrug sind. Es ist ein abscheuliches System, und wie abscheulich muss dieses Leben namens „Vergnügen" sein, das auf diese Weise Liebe, Vernunft und Gewissen beiseite legen und ein Naturgesetz in Stücke brechen kann, das so stark ist, dass es sich in seiner Reinheit oft als mächtiger erweist als das Gesetz von Selbsterhaltung. Zu diesem Thema schreibt Frederick James Grant, FRCS, in seinem kühnen und originellen Buch „From Our Dead Selves" von einer modischen Mutter, die ihr erstes Kind zum Stillen gab und als ihr zweites Kind bei der Geburt starb Als sie im Sarg an ihr Bett gebracht wurde, interessierte sie sich ganz und gar nicht für das Kind, sondern für die hübsche Auskleidung und Decke des Sarges. Denn es ist eine der verblüffenden Tatsachen dieses Zustands der Mutterschaft, dass das arme Kind, das mit Leib und Seele einer schrecklichen Spitzmaus überlassen wurde, in seinem Kinderwagen mit der allerbesten Sorgfalt auf seine Rüschen und Mäntel sowie auf die Tücher geachtet wird. Denn diese Dinge werden von den Dienern anderer Leute gesehen und kommentiert werden und verdienen daher Aufmerksamkeit.

Es ist ein seltsamer Zustand der Gesellschaft, der diese schreckliche Pflichtübertragung toleriert, und die Gesellschaft wird die Rechnung ebenso zu bezahlen haben wie die grausame Mutter. Diese vernachlässigten Kinder stammen, unabhängig von ihrer Geburt, tatsächlich aus gefährlichen Klassen und haben die Gefahr, dorthin abzudriften. Denn die erste moralische Erziehung eines Kindes ist die wichtigste von allen, und in diesen Fällen wird sie von Frauen vermittelt, die sowohl durch Unwissenheit als auch durch Laster grob sind; deren Verwandte höchstwahrscheinlich gleichzeitig an verdächtigen Orten oder in Gefängnisabteilungen leben. Und natürlich besteht ihre erste Lektion für die Kinder unter ihnen darin, zu lügen, zu täuschen, kleine Diebstähle zu begehen und nicht entdeckt zu werden. Ihnen wird befohlen, keine Geschichten aus dem Kinderzimmer zu tragen oder Mama wissen zu lassen, was die Krankenschwester nicht wissen lassen möchte. Schlechte Sprache, schlechte Angewohnheiten, Hass, kleinliche Versöhnungen, Gemeinheiten aller Art gehören zum Lehrplan jeder Kinderstube, die in der Obhut der Frauen bleibt, die normalerweise dort zu finden sind.

Niemand muss sich vorstellen, dass das so angerichtete Übel in den kommenden Jahren durch eine höhere Klasse von Lehrern ausgerottet werden kann. Der bösartige Same ist gesät; Es ist nahezu unmöglich, das geistige Feld eines Kindes zu durchdringen und es wieder zu sammeln. Es hat Wurzeln geschlagen, und wenn es nicht durch ein edleres Wachstum verdrängt werden kann, ist die Ernte sicher. Die Mutter also, die Vergnügen und Gesellschaft ihren Kindern vorzieht, die sie bösen und grausamen Ammen überlässt, ist selbst böse und grausam. Sie mag vor der Welt als die Verkörperung von Vornehmheit, Zartheit und Eleganz stehen, aber sie ist in Wirklichkeit nicht besser als ihr Stellvertreter; und sie hat kein Recht zu erwarten, dass es ihren Kindern besser geht. In manchen günstigen Fällen kann es in den kommenden Jahren zu einer erlösenden Kraft kommen, aber im Großen und Ganzen werden sie zu ihren ersten moralischen Eindrücken abdriften; und wenn sie schlechte und unglückliche Männer und Frauen geworden sind, werden sie keine Skrupel haben zu sagen: „Von unserer Mutter kommt unser Elend." Das sind harte Wahrheiten, doch die Hälfte wurde noch nicht gesagt. Denn wenn es nicht viele gute Mütter gäbe, sowohl reiche als auch arme, würde diese Klasse von Frauen alle Tugend und alles Schöne und Gute untergraben.

Es gab einst die Vorstellung, dass Mütter die antiseptische Eigenschaft in der Gesellschaft seien und dass sie ihren moralischen Ton bewahrten, indem sie darauf bestanden, dass die verwendete Sprache und die vor ihnen besprochenen Themen so sein sollten, dass sie für tugendhafte Frauen geeignet seien. Aber es gibt eine Art schlechter Mutter, für die fragwürdige Themen sehr geeignet erscheinen. Sie diskutiert sie vorbehaltlos im Beisein ihrer Töchter und macht ihren Salon zum Forum für Frauen mit queeren häuslichen Ansichten, für „Physical Culture"-Frauen und ähnliche Charaktere. Von den Dingen, die unsere Großmütter ins Grab gingen, ohne es zu wissen, spricht sie vor unverheirateten Mädchen in unmissverständlicher Weise. Eine gewisse Mutter, die mutig ihre Meinung vertrat, dass „Mädchen nicht in Unwissenheit gehalten werden sollten, um ihre Unschuld zu bewahren", erlaubte ihrer eigenen Tochter, bei all dem unappetitlichen Vanity Fair-Skandal dabei zu sein. Das Kind lernte, die Taten der Frauen in vielen Jahreszeiten mit Interesse zu beobachten und sehr fragwürdigen Geschichten gelassen zuzuhören. Noch bevor sie zwölf Jahre alt war , war sie misstrauisch gegenüber dem Verhalten jeder Frau geworden, und als ihre Lehrerin sie eines Tages fragte: „Wer war Moses?" Sie antwortete prompt: „Der Sohn der Tochter Pharaos." „Nicht der Sohn", korrigierte die Lehrerin, „der Adoptivsohn." Pharaos Tochter fand ihn im Nil." „ *Das* sagte sie", erwiderte diese frühreife Frau, ein Verdacht gegenüber den Handlungen von Frauen und eine bereitwillige Vermutung über die schlimmsten Beweggründe dafür, nämlich die Lehren, die sie aus dem vermittelten Wissen gezogen hatte, bevor Geist und Erfahrung in der Lage waren, sie zu empfangen.

Es wird oft gesagt, dass „Unwissenheit nicht gleich Unschuld ist". Stimmt, aber Wissen ist auch nicht unschuldig; Meistens ist es der erste Schritt zur Schuld. Was kann es nützen, wenn kleine Kinder wissen, was zur Reife gehört? Ist ein Mädchen süßer oder sogar sicherer, wenn es weiß, dass unter der glitzernden Kruste der vergoldeten Gesellschaft etwas Schmutziges lauert? Das chinesische Viertel ist eine Tatsache, aber gibt es eine Mutter, die möchte, dass ihre Tochter es besucht? Aber wenn es sich nicht lohnt, es zu besuchen, ist es auch nicht geeignet, darüber zu reden. Niemand ist jemals besser, wenn er das Böse kennt, es sei denn, er kann etwas dagegen tun.

Eine gute Mutter wird ihre Kinder vor den Folgen ihrer eigenen Unwissenheit, physischer und moralischer Natur, schützen, und sie wird sie ebenso sorgfältig vor Wissen schützen, das schädlich ist, weil es verfrüht ist – so wie grüne und unreife Früchte schädlich sind. Und dafür ist keine Vormundschaft zu eng. Im Hinblick auf die Kinder anderer Menschen geben Mütter diese Tatsache im Allgemeinen zu, aber was ihre eigene Brut betrifft, wiegen sie sich in dem großzügigen Glauben an deren Unbestechlichkeit. Ihre Mädchen würden niemals das tun, was andere Mädchen tun; und ihren Mädchen wird folglich eine Lizenz gewährt, die sie für alle außer ihren eigenen Töchtern für gefährlich halten würden. Dann gibt es eines Tages einen Absatz in einer der Zeitungen, in dem die Männer dem Mann die Schuld geben und die Frauen dem Mädchen die Schuld, und die ganze Zeit über ist die Mutter wahrscheinlich die schuldigste der Parteien. Sie hat die Fantasie ihrer Tochter in ihrer Kindheit angeregt, sie hat sie in der Jugend der Wahl ihrer Gefährten überlassen, sie hat ihrer heiligen Pflicht gegenüber den Umständen vertraut, sie hat einer vagen Hoffnung hinsichtlich der Ehre und Tugend der Menschheit nachgegeben und so ihre Trägheit befriedigt Vernachlässigung. Aber welches Recht hatte sie zu erwarten, dass Männer den Schatz verehren würden, den sie selbst unbewacht ließ?

Denn für dieses Zeitalter wurde keine besondere Rasse geschaffen; Was Adam, Jakob, Simson und David waren, was Eva, Sarah, Rahel, Jael und Bathseba waren, das sind die Männer und Frauen von heute in all ihren wesentlichen Dingen. Nur die Umstände haben dazu geführt, dass sie sich unterscheiden; und die Natur lacht über die Umstände und kehrt bei jeder Krise zu ihren ersten Prinzipien zurück. Tatsächlich muss die gute Mutter von heute, anstatt sich zu entspannen, ihre Fürsorge für ihre Kinder verstärken. Denn noch nie seit Anbeginn der Welt wurde der Jugend so viel Aufmerksamkeit geschenkt, noch nie war sie von so vielen offenen Versuchungen umgeben, noch nie wurde ihr so viel geschmeichelt, und doch wurden gleichzeitig die Zügel der Disziplin noch nie so weit gelockert. Nun müssen wir den Geist, den wir hervorrufen, kontrollieren, sonst müssen wir sein Sklave werden. Wenn wir die grauen Haare des Alters nicht länger verehren sollen; Wenn junge Männer den Wagen der Sonne steuern sollen und jungen Frauen gestattet werden soll, den Baum der Erkenntnis von Gut und Böse zu befreien, dann ist es höchste Zeit, ein Bildungssystem zu erfinden, das alte Köpfe auf junge Schultern setzt. Leider kann dies niemals der Fall sein, denn Bildung ist ein langer und komplexer Prozess, der sich aus häuslichen Einflüssen, Umgebungsbedingungen und frühen Assoziationen zusammensetzt. Wenn Bücher, Schulen und Lehrer ihr Möglichstes getan haben, wird hoch über jedem Gamaliel die gute Mutter sitzen – der erste Einfluss, der erste Lehrer, der erste Freund und der letzte.

Ungleiche Ehen

WENN es einen Fehler gibt, der für die Zukunft eines jungen Mannes oder eines Mädchens besonders fatal ist, dann handelt es sich um den höchsten Akt der sozialen Zerstörung, der als *Mésalliance bezeichnet wird* . Tatsächlich ist es an keinem der üblichen Lebensbedingungen messbar, und der Tod selbst wäre eine Gnade im Vergleich zu dem langen Elend einiger Arten von *Mésalliancen* . Sie können auf Ungleichheiten bei der Geburt, Unterschiede im religiösen Glauben oder große Altersunterschiede zurückzuführen sein. aber was auch immer der Anlass ist, sie sind immer ein weitreichender und unwiederbringlicher Fehler; der Fehler *schlechthin* eines jeden Lebens.

Eine ungleiche Ehe ist nicht nur der fatalste Fehler im Leben, sie ist auch der häufigste; Und obwohl es für einen Mann nicht leicht ist, sich mit einer einzigen Tat zu ruinieren, wird ihm eine törichte Ehe zumindest einen entschiedenen Weg eröffnen. Was *die Mésalliances der Männer betrifft* , so kann man nicht sagen, dass sie speziell eine Versuchung für die Jugend darstellen. Törichte alte Männer, die ihre Köche heiraten, und törichte junge Männer, die sich mit irgendeiner Casino-Göttlichkeit belasten, halten einen sehr stabilen Durchschnitt aufrecht. Aber der Fehler des jungen Mannes ist bei weitem der schlimmste von beiden; denn er hat sein ganzes Leben vor sich und hat wahrscheinlich keine Vorkehrungen gegen einen solchen sozialen Selbstmord getroffen.

Wenn ein alter Mann unter seinem Stand und seiner Kultur heiratet, glaubt er, die Frau zu bekommen, die er sich am meisten wünscht; und wenn er enttäuscht ist, steht er auf jeden Fall am Ende seines Lebens, und entweder hat er keine Kinder, die er unter seiner Torheit leiden muss, oder sie sind bereits über die schmerzlichste Reichweite hinausgewachsen. Aber ein junger Mann, der sich an eine Frau bindet , die seiner eigenen Stellung, Ausbildung und seinem beruflichen Ehrgeiz in nichts nachsteht, ist in einer ganz anderen Situation. In sehr kurzer Zeit beginnt die Ernüchterung jener Sinne, unter denen er sich von bloßer körperlicher Schönheit fesseln ließ; und er weiß, dass er sich, was seinen weiteren Fortschritt betrifft, einen Mühlstein um den Hals gelegt hat.

Die Auswirkungen einer sozialen *Mésalliance* auf ein Mädchen sind noch schlimmer. Erstens sollte es so sein; denn sie muss gegen den natürlichen Instinkt einer guten Frau verstoßen, der immer darin besteht, über sich selbst zu heiraten, ein Instinkt, der sowohl physiologisch als auch sozial edel ist. Denn eine Frau ist weniger wert als eine Frau, die die Konsequenzen einer

Ehe nicht berücksichtigt und ihr auf jede erdenkliche Weise den besten Vater für ihre Nachkommen bietet. Und wenn sie gesellschaftlich unter ihrer Würde heiratet, geht man mit ziemlicher Sicherheit davon aus, dass der soziale Status ihres Mannes der Maßstab für seine intellektuellen Fähigkeiten und auch für seine persönliche Vorbildung ist. Und wenn eine Frau sich nur in ihrer Ehe denkt und sich nicht um die Umstände kümmert, zu denen sie ihre ungeborenen Kinder verurteilen könnte, ist sie eine Inkarnation tierischen Egoismus.

Ohne auf die Ursachen dieser Missbilligung einzugehen, ist dies zweifellos ein instinktives Motiv für die beharrliche Kaltschulterhaltung, die die Gesellschaft Mädchen entgegenbringt, die sich durch eine *Mésalliance erniedrigen* . Es ist für jeden offensichtlich , dass sie gegen sich selbst, ihre Familie, ihre Klasse und die höchsten Instinkte ihres Geschlechts gesündigt hat. Frauen haben für solche Sünder keine Vergebung; denn sie sehen nicht nur das gegenwärtige Unrecht, sie freuen sich auch auf die möglichen Kinder einer solchen Verbindung. Sie verstehen, dass sie alle Einschränkungen der Armut ertragen müssen, obwohl sie alle Vorteile des Reichtums hätten genießen sollen. Möglicherweise haben sie die vulgären Vorlieben und Neigungen ihres Vaters geerbt, oder sie müssen das Elend feiner Geschmäcker ertragen, ohne die Möglichkeit zu haben, diese zu befriedigen. Für diese vorsätzliche Sünde gegen die Mutterschaft und gegen die Nachkommenschaft fällt es guten Frauen schwer, den Täter zu ertragen; denn sie wissen, dass die Ehre einer Frau bei ihrem Ehemann liegt und dass ihre gesellschaftliche Stellung und ihr gesellschaftliches Leben von ihm bestimmt werden.

Wenn sich ein Mädchen einer *Mésalliance schuldig macht* , wird manchmal zur Milderung gesagt: „Sie hat einen Mann von edler Gesinnung geheiratet; und es ist besser, einen armen, unwissenden Mann mit einer edlen Gesinnung zu heiraten, als einen reichen Mann, der selbstsüchtig und bösartig ist." Wenn die Alternative positiv wäre, ja, aber es besteht keine Notwendigkeit, zwischen diesen Zeichen zu wählen. Männer mit gepflegten Gewohnheiten und Manieren und guter Bildung können auch edle Gesinnungen haben; und arme, schlecht erzogene Männer haben nicht immer edle; Auf jeden Fall wird eine gute Frau in ihrer eigenen Klasse immer genauso gute Männer finden wie in einer Klasse unter ihr.

All diese Gefahr ist den Eltern klar. Sie wissen, wie flüchtig Leidenschaft und Fantasie sind; und sie sind zu Recht davon überzeugt, dass es ihre Pflicht ist, mit allen Mitteln zu verhindern, dass ihre Tochter eine unwürdige Ehe eingeht. Inwieweit Eltern rechtmäßig eingreifen dürfen, ist noch nicht entschieden und auch noch nicht leicht zu entscheiden. Die amerikanische Idee der Ehe besteht theoretisch darin, dass jede Seele ihre Partnerseele findet und glücklich bis ans Ende ihrer Tage lebt; und auf dieser romantischen Suche nach einem Seelenpartner dürfen junge Mädchen in der Gesellschaft umherstreifen, gerade dann, wenn ihre Instinkte am stärksten und ihr Verstand am schwächsten sind. Die französische Theorie – mit der die englische in gewisser Weise verwandt ist – besagt, dass das Wissen einer Mutter besser ist als die Fantasie eines Mädchens; und dass die Weisheit, die bisher ihre Lehrer, Ärzte, spirituellen Führer und Gefährten ausgewählt und sie durch Krankheit und Gesundheit geführt hat, bei der Auswahl des für ihren Ehemann am besten geeigneten Mannes wahrscheinlich nicht versagen wird.

Diese letztere Theorie geht davon aus, dass Frauen von Natur aus jeden sympathischen Mann lieben, der ihnen gehört und freundlich zu ihnen ist; das heißt, wenn sie ein jungfräuliches Herz hat und in diesem Zustand von ihren Lektionen zu ihren Ehepflichten gelangt. Die amerikanische Theorie geht davon aus, dass Mädchen durch Mitgefühl und durch seelische Anziehung und persönliche Anziehung lieben; Infolgedessen werden unsere Mädchen früh – zu früh – freigelassen, um zwischen einer Vielzahl von Testamenten, Franken und Charlies zu wählen. und das natürliche Ergebnis ist eine große Anzahl sogenannter „Liebesheirats", zu denen, wie man anerkennen muss, *Mésalliancen* allzu oft die Folge sind. Es ist unmöglich, eine positive Auswahl zwischen diesen beiden Theorien zu treffen; denn das Schlechte eines jeden ist so schlecht und das Gute eines jeden so gut, dass beide gleichermaßen des uneingeschränkten Lobes und Tadels fähig sind. Es kann jedoch mit Sicherheit behauptet werden, dass das Vertrauen, das jedes amerikanische Mädchen in die eigene Macht hat, seinen eigenen Ehemann zu wählen, dazu beiträgt, die Gefahr zu verringern und dafür zu sorgen, dass alles in Ordnung bleibt. Denn einem ehrenwerten Mädchen kann man ihre eigene Ehre anvertrauen; und einer Unehrenhaften kann es unter einer Menge zur Auswahl vielleicht besser ergehen, als sie verdient; denn Fortune bringt manchmal die Barke herein, die nicht gelenkt wird.

Die meisten Mädchen schließen *Mésalliancen* aus reiner Gedankenlosigkeit, aus Eigensinn oder aus der jugendlichen Leidenschaft für Romantik, die es für in Ordnung hält, ihre Welt für die Liebe zu verlieren. Törichte Romane sind ebenso oft für ihr soziales Verbrechen verantwortlich wie törichte Männer – Romane, die eine Apotheose der Liebe um jeden Preis sind! Liebe gegen jede häusliche und gesellschaftliche Verpflichtung! Liebe trotz aller klugen Überlegungen zu Fleisch- und Geldangelegenheiten! Liebe in einer Hütte und Nachtigallen und Geißblätter, um die Miete zu bezahlen! Und wenn Eltern dagegen sind, dass die Heirat ihrer Tochter ruiniert wird, dann werden sie als Monster der Grausamkeit dargestellt; während das Mädchen, das heimlich seinem Elend entgegenfliegt und dafür jede moralische Bindung bricht, zu einem Engel der Wahrheit und des Leidens idealisiert wird.

Was sollen Eltern im wirklichen Leben mit einer Tochter anfangen, deren romantische Torheit sie dazu gebracht hat, ihren Bräutigam oder ihren Diener zu heiraten? Wir haben die unerbittlichen Leidenschaften unserer Vorfahren und ihre unsterblichen Lieben und Hassgefühle, Opfer und Rache überlebt . Unser Sozialkodex duldet keine Leidenschaft, die alles andere verschlingt; und wir müssen uns mit einem anständigen Gefühlsausdruck zufrieden geben. Was ihre Tochter getan hat, können sie nicht ungeschehen machen; Sie können sie auch nicht von den sozialen Folgen ihrer Tat befreien. Sie hat beschlossen, ihre Dienerin über sie und vor sie zu stellen und ihre ganze Familie zu demütigen, um ihrem niedriggeborenen Liebhaber und sich selbst zu gefallen, und sie hat daher kein Recht auf mehr Rücksichtnahme, als sie gegeben hat. Ihre Eltern mögen nicht aufhören, sie zu lieben, und sie mögen ihr alle Vorwürfe ersparen, wohl wissend, dass ihre Strafe sicher ist; aber sie können sie im Interesse ihrer anderen Kinder nicht sozial über die von ihr gewählte Stellung hinaus behandeln. Sie ist die Frau eines Dieners geworden, und sie können ihren Mann nicht als ihresgleichen akzeptieren, noch können sie ihre Freunde beleidigen, indem sie ihn ihnen vorstellen. Wie erbärmlich ist die Lage, in die sie sich gebracht hat; Denn wenn der Mann, den sie geheiratet hat, von Natur aus ein niederer Mann ist, wird er sie wahrscheinlich durch die „Grobheit seiner Natur" auf sein Niveau ziehen. Wenn sie eine Frau mit starkem Charakter ist , kann sie ihren Mann vielleicht auf die Höhe heben, aber sie nimmt eine solche Arbeit auf die Gefahr ihres eigenen höheren Lebens auf sich. Und wenn es ihr unmöglich ist, ihn auf ihr Niveau zu heben oder sich auf sein Niveau zu senken, was bleibt dann? Lebenslanges Bedauern, bittere Scham und Selbstvorwürfe oder eine gewaltsame Befreiung . Aber das letztere Mittel bringt Verzweiflung statt Hoffnung mit sich. Sie kann nie ganz ihren ursprünglichen Platz wiedererlangen, und eine *Aura* zweifelhafter Art beeinflusst jede Anstrengung ihres zukünftigen Lebens.

Denn obwohl Männer nicht den Ruf haben, romantisch zu sein, ist es doch sicher, dass sie in Sachen ungleicher Ehen häufiger unvorsichtig sind als Frauen. Es besteht eine gewisse Möglichkeit, eine Frau von niedriger Geburt auf das Niveau eines kultivierten Mannes zu heben, und Männer wagen diese Möglichkeit weitaus häufiger, als allgemein angenommen wird. Vielleicht finden sie nach einer langen Saison die feinen Damen, mit denen sie geflirtet und getanzt haben, ermüdend; und in dieser Stimmung sind sie plötzlich von einem einfachen, unmodernen Mädchen angetan, das weder weiß, wie man sich kleidet, noch flirtet, noch tanzt. Sie machen also den schweren Fehler zu glauben, dass Frauen, die keine guten Damen sind, süß und gesellig sein werden, weil gute Damen unerträglich sind. Aber wenn das eine leer ist, beweist das dann, dass das andere ein Preis ist? Die Dumpfheit oder Torheit einer höflichen Frau ist schon schlimm genug; aber die Dummheit und Torheit einer ungebildeten Frau ist schlimmer. Sehr bald finden sie das heraus, und dann kommen Gleichgültigkeit, Vernachlässigung, Grausamkeit und all das Elend, das zwei ruinierte Leben mit sich bringt.

Das Ergebnis einer ungleichen Ehe beider Geschlechter ist ein gewisses Elend, und an diesem Urteil können auch die Ausnahmen, wie brillant sie auch erscheinen mögen, nichts ändern. Denn wenn ein wohlhabender und gebildeter Mann ein ungebildetes Mädchen von niedriger Herkunft heiratet oder eine Frau von offensichtlicher Kultur und hoher sozialer Stellung ihre Dienerin heiratet und die Ehen einigermaßen glücklich verlaufen, dann kann mit Sicherheit gesagt werden: „Es hat keine Mésalliance stattgefunden. "." Der Mann und die Frau waren nur äußerlich ungleich. Die wahren Charaktere beider müssen vulgär und von Natur aus niedrig und untererzogen gewesen sein.

Es ist töricht, davon zu sprechen, dass zwei ungleich verheiratete Wesen „zusammenwachsen" oder dass „die Zeit ihre Differenzen zusammenschweißt" und die Dinge angenehmer werden. Gewohnheit versöhnt uns tatsächlich mit viel Leid und vielen Prüfungen; Aber eine ungleiche Ehe ist eine Prüfung, die niemand haben sollte. Es gibt keine Entschuldigung und daher auch keinen Trost. Wenn der Allmächtige uns ein Martyrium verordnet, mischt er seinen Frieden und seinen Trost damit; aber wenn wir uns selbst quälen, wüten unsere Leiden wie eine Feuersbrunst. Vielleicht ist die Kette abgenutzt, so wie man einen engen Schuh in Form bringt, bis er nicht mehr lahmt; aber oh, was für ein Elend dabei ist! Und selbst in einem solchen Fall kann sich der resignierte Leidende nicht auf seine Geduld verlassen; Ganz im Gegenteil, denn er weiß so gut wie andere, dass die Unterwerfung unter das, was Gott bestimmt, der Gipfel der Energie und des Adels ist, die Unterwerfung unter die Fehler, die wir selbst machen, der Höhepunkt der Feigheit und Schwäche.

Unzufriedene Frauen

UNZUFRIEDENHEIT ist ein sechstausend Jahre altes Laster, und es wird ewig sein; weil es im Rennen ist. Jeder Mensch hat eine klagende Seite, aber die Unzufriedenheit ist im Herzen der Frau verankert; es ist ihre Erbsünde. Denn wenn die erste Frau mit ihren Bedingungen zufrieden gewesen wäre, wenn sie nicht danach gestrebt hätte, „wie Götter" zu sein und sich nach rechtswidrigem Wissen gesehnt hätte, hätte Satan es kaum für lohnenswert gehalten, mit ihr über ihre Rechte und Unrecht zu sprechen. Diese unglückliche Kontroverse hat nie aufgehört; und mit oder ohne Grund war die Frau ständig der Unzufriedenheit mit ihren Verhältnissen ausgesetzt und wurde, ihrer Natur entsprechend, von deren Einfluss bewegt. Einige hat es verdrießlich gemacht, einige klagend, einige ehrgeizig, einige rücksichtslos, während eine edle Mehrheit in seiner Kontrolle jene gelassene Gelassenheit und Fröhlichkeit gefunden hat, die eher denen zuteil wird, die siegen, als denen, die erben.

Aber trotz aller Variationen von Einfluss und Aktivität gab es in der Weltgeschichte noch nie eine Zeit, in der die weibliche Unzufriedenheit so viel angenommen und so viel gefordert hat wie heute; und sowohl die zufriedene als auch die unzufriedene Frau mögen durchaus innehalten und darüber nachdenken, ob das heftige Fieber der Unruhe, das eine so große Zahl des Geschlechts erfasst hat, nicht eher ein Delirium als eine Überzeugung ist; ob sie nicht genauso töricht darauf warten, aus ihrem Garten Eden herauszukommen, wie die Frau Eva vor sechstausend Jahren?

Um den Weg freizumachen, können wir davon ausgehen, dass es eine edle Unzufriedenheit gibt, die in der Welt ein großes Werk zu tun hat; eine Unzufriedenheit, die das Gegenmittel zu Überheblichkeit und Selbstzufriedenheit ist und die Arbeiter jeder Art dazu drängt, ständig ein höheres Ideal zu verwirklichen. Zwischen diesen beiden Seufzern erheben sich aus Bedauern und Verlangen alle Horizonte; und gerade die Leidenschaft dieser Sehnsucht gibt denjenigen, die diese göttliche Unzufriedenheit verspüren, die Kraft , alles zu überwinden, was sie von ihrer Hoffnung und ihrem Streben trennt.

Nachdem wir so viel zugunsten der Unzufriedenheit anerkannt haben, können wir nun einige der anstößigsten Formen betrachten, in denen sie bestimmte Frauen unserer eigenen Generation angegriffen hat. An der Spitze dieser Unzufriedenen sitzen die Frauen, die mit ihren häuslichen Pflichten unzufrieden sind. Eine der traurigsten häuslichen Erscheinungen der Zeit ist der Verruf, in den die Haushaltsführung geraten ist; denn das ist die erste natürliche Pflicht einer Frau und entspricht den Bedürfnissen ihrer besten Natur. Es ist keineswegs notwendig, dass sie ein Aschenputtel in der Asche ist, oder eine Nausicaa, die Wäsche wäscht, oder eine Penelope, die für immer an ihrer Nadel hängt, aber alle intelligenten Frauen verstehen jetzt, dass gutes Kochen eine liberale Wissenschaft ist und dass es eine gibt engste Verbindung zwischen Essen und Tugend, und Essen und Gesundheit, und Essen und Denken. Tatsächlich werden viele Dinge als Verbrechen bezeichnet, die nicht so schlimm sind wie die Grausamkeit eines irischen Kochs oder die Unordnung eines viertklassigen Konditors.

Es muss beachtet werden, dass diese Revolte bestimmter Frauen gegen die Haushaltsführung keine Revolte gegen ihre Ehemänner ist; es ist einfach eine Revolte gegen ihre Pflichten. Sie halten Hausarbeit für hart, eintönig und minderwertig und gestehen mit zynischer Offenheit, dass sie es vorziehen, sich mit Papier zu befassen, sich mit Kunst zu beschäftigen, Kissenbezüge zu sticken, Waren zu verkaufen oder auf irgendeine Weise Geld zu verdienen, um Diener zu bezahlen, die für sie kochen Sie kümmern sich um das Abendessen ihres Mannes und stillen ihre Babys für sie. Und sie glauben, dass sie auf diese Weise überlegen seien und fordern Anerkennung für eine Tat, die sie mit Schande bedecken sollte. Denn Taten sagen mehr als Worte, und was sagt eine solche Tat aus? Erstens wird behauptet, dass jeder Fremde – sogar ein junges, ungebildetes Bauernmädchen, das für ein paar Dollar im Monat angestellt wird – in der Lage ist, die Pflichten der Hausfrau und Mutter zu erfüllen. Zweitens ersetzt es die Liebe durch einen schwachen Ehrgeiz und den Dienst der Hand durch den Dienst des Herzens. Drittens handelt es sich um eine sichtbare Herabwürdigung der höchsten weiblichen Pflichten gegenüber dem am schlechtesten bezahlten Dienst. Eine Ehefrau und Mutter kann ihre eigene Seele nicht auf diese Weise freisprechen; Sie beschämt und verunglimpft einfach ihr heiligstes Werk.

Angenommen, selbst wenn die Haushaltsführung hart und eintönig wäre, wäre sie nicht schwieriger als die Männerarbeit in der Stadt. Die erste Lektion, die ein Geschäftsmann lernen muss, besteht darin, das, was er nicht gerne tut, angenehm zu tun. Jede regelmäßige, nützliche Arbeit muss eintönig sein, aber die Liebe sollte es einfach machen; und auf jeden Fall ist die Langeweile der Hausarbeit nicht größer als die Langeweile der Büroarbeit. Dass die Haushaltsführung erniedrigend ist, ist absoluter Unsinn. Zuhause ist ein wenig königlich; Und wenn die Hausfrau und die Mutter aus fein gemischten und hoch gebildeten Elementen bestehen, wird sie die Frage des kalten Hammelfleischs umso wichtiger finden und die Qualität der Suppe und die Menge an Chutnee im Curry als etwas betrachten, das ihr Bestes abverlangt Aufmerksamkeit. Nur die schwächsten, dümmsten Frauen können ihre Arbeit nicht auf die Ebene ihrer Gedanken heben und so beide veredeln.

Es gibt andere Arten unzufriedener Ehefrauen, mit denen wir nur allzu vertraut sind: zum Beispiel die Ehefrau, die fassungslos und elend ist, weil sie erkennt, dass die Ehe kein dauerhaftes Picknick ist; die nicht erkennen kann, dass der Ehemann anders sein muss als der Liebhaber , und ihre Tage mit ohnmächtigem Jammern verbringt. Sie wird ständig vernachlässigt und nimmt ständig Anstoß; Sie hat ein unstillbares Verlangen nach Aufmerksamkeit und braucht ständige Zusicherungen der Zuneigung, verschwendet ihre Zeit und Gefühle damit, erbärmliche Szenen der Anschuldigungen zu inszenieren, die ihren Mann schließlich ermüden und dann entfremden. Ihre eigene Schuld! Es gibt nichts, was ein Mann mehr hasst, als eine Frau, die schluchzt und sich mit roten Augen über das Haus beschwert; es sei denn, es ist eine Frau, mit der er in einem ewigen Narrenparadies der Perfektion leben muss.

Es gibt auch unzufriedene Ehefrauen, die ihre Männer zu übertriebenen Ausgaben anspornen und sie zu Projekten drängen, vor denen sie natürlich zurückschrecken würden. Es gibt andere, deren gesellschaftlicher Ehrgeiz ihre häuslichen Ambitionen zunichte macht, und die zu jeder Zeit und außerhalb aller Nerven alle Nerven strapazieren und ihre ganze Selbstachtung verlieren, nur um ein paar Krümel verächtlicher Gönnerschaft von einer Person zu bekommen, die größer ist als sie selbst. Manche Frauen machen sich Sorgen, wenn sie keine Kinder haben, andere genauso, wenn Kinder kommen. Im ersten Fall sind sie enttäuscht; im zweiten, unbequem; und in beiden Fällen unzufrieden. Manche führen ein erbärmliches Leben, andere führen ein erbärmliches Leben, weil sie nicht dreimal so viele Diener haben, wie nötig sind; eine noch größere Zahl, weil sie kein Leben voller ständiger Unterhaltung und Aufregung führen können.

Eine sehr unangenehme Art unzufriedener Frau ist die Frau, die, anstatt einen Gott zu haben, den sie liebt und anbetet, ihre Religion zum Gott macht, die Liebe zu einer kirchlichen Idee entfremdet oder ihr eigenes Fleisch und Blut vernachlässigt, um die religiösen Bedürfnisse der Frau zu erfüllen Welt; Dabei vergisst sie, dass die gute Frau ihre Gefühle sehr nah an ihrem eigenen Herzen und Herd behält. Aber vielleicht haben die meisten unzufriedenen Ehefrauen nichts Besonderes, worüber sie sich beschweren könnten; sie ärgern sich, weil sie „so langweilig" sind. Wenn sie sich die Mühe machen würden, nach der Ursache dieser „ Dumpfheit " zu suchen, würden sie sie im Mangel an einem bestimmten Lebensplan und einem energischen Ziel oder Zweck finden. Natürlich impliziert jedes Ziel eine Begrenzung, aber Begrenzung bedeutet sowohl Tugend als auch Vergnügen. Ohne Regel und Gesetz könnten nicht einmal Kinderspiele existieren, und je strenger die Spielregeln befolgt werden, desto größer ist die Zufriedenheit . Die Pflichten einer Ehefrau unterliegen den gleichen Bedingungen. Wenn ziellose, klagende Frauen strenge Gesetze für ihren Haushalt erlassen und einen möglichen energischen Plan für ihr eigenes Leben entwerfen würden, würden sie feststellen, dass diejenigen, die lieben und arbeiten, keine Muße haben, sich zu beschweren.

Aber aus welcher Ursache auch immer häusliche Unzufriedenheit entsteht, sie macht das Zuhause voller Müßiggang, Langeweile und vagabundierender Fantasien oder voller wilder Extravaganz und leidenschaftlicher Vergnügungslust. Und da eine Frau das Glück vieler in ihren Händen hält, ist die Unzufriedenheit mit ihrem Schicksal besonders böse. Wenn es ihr übel genommen wird, bekommt sie, was sie verdient; wenn man es stillschweigend erträgt, ist ihre Schande umso größer. Denn nichts ehrt eine Frau so sehr wie ihre Geduld; und nichts ehrt sie so wenig wie die Geduld ihres Mannes. Und so groß seine Geduld auch sein mag, sie wird einem persönlichen Schaden nicht entgehen; denn niemand darf für unschuldig gehalten werden, der auch nur seiner eigenen Seele und seinem eigenen Körper Schaden zufügt. Außerdem ist es die unflexible Ordnung der Dinge, dass auf freiwillige Fehler unvermeidlicher Schmerz folgt.

Verheiratete Frauen sind jedoch keineswegs die einzigen Beschwerdeführer. Es gibt eine große Armee von Unzufriedenen, die keinen Mann haben, der sich um sie kümmert, und mit Gerechtigkeit ihren Anteil an der Arbeit und dem Lohn der Welt fordern. Solche Frauen haben das vollkommene Recht, sich einen Weg zu bahnen, in welche Richtung sie auch immer können. Gehirne sind unabhängig von Geschlecht und Beschaffenheit, und auf jeden Fall ist es sinnlos, über ihre Fähigkeit oder ihr Recht zu streiten, denn die Notwendigkeit hat die Angelegenheit außerhalb der Reichweite von Kontroversen geführt. Tausende Frauen müssen sich nun zwischen Arbeit, Almosen oder Hungersnot entscheiden, denn der junge Mann von heute ist kein heiratsfähiger Mann. Er hat nur kümmerliche Leidenschaften, und seine Liebe ist eine so träge Neigung, dass er nicht daran denken kann, dafür ein Opfer zu bringen. Frauen heiraten also nicht, sie arbeiten; Und da die Welt gute Arbeit von jedem annehmen wird, der sie gibt, fließt ihnen die Sitte der Welt durch ein Naturgesetz zu.

Nun sind ernsthafte, praktische Arbeiterinnen gesegnet, und zwar ein Segen; aber die Unzufriedenen unter ihnen stellen durch viel Reden und wenig Handeln immer wieder die Sache zurück, von der sie sagen, dass sie sie vorantreiben wollen. Keine Frau ist grundsätzlich so unzufrieden wie Arbeiterinnen. Sie betreten die Arena und sind, gefesselt durch alte Ideen, die einem anderen Zustand angehören, nicht bereit, sich den Gesetzen der Arena zu unterwerfen. Sie wollen gleichzeitig die Höflichkeit, die durch Schwäche beansprucht wird, und die Ehre, die durch Tapferkeit entsteht. Sie beschweren sich über die höheren Löhne der Männer und vergessen dabei, dass der erste Punkt gleicher Bezahlung gleicher Wert und gleiche Arbeit ist. Sie wissen nichts über das, was Carlyle „das Schweigen" nennt; und das

Geplapper ihrer kleinen Anfänge ist für die geschäftige Welt irritierend und verächtlich. Unzufriedenen berufstätigen Frauen scheint nie in den Sinn zu kommen, dass der beste Weg, das zu bekommen, was sie wollen, darin besteht, zu handeln und nicht zu reden. Eine schweigsame Frau, die im Stillen ihre Chancen kalkuliert und Erfolg hat, tut mehr für ihr Geschlecht als jede Menge Broschüren und Vorträge. Denn nichts ist sicherer, als dass gute Arbeit, sei es von Mann oder Frau, einen Markt finden wird; und dass schlechte Arbeit von allen abgelehnt wird, außer denen, die bereit sind, Almosen zu geben und dafür zu bezahlen.

Die Unzufriedenheit berufstätiger Frauen ist verständlich, aber es ist ein großer Sprung von der Frau , die mit ihrer Arbeit oder ihrem Lohn unzufrieden ist, zu der Frau, die mit ihrer politischen Position unzufrieden ist. Unter all den schrillen Nörglern, die die Ohren der Sterblichen irritieren, gibt es keine, die so dumm ist wie die Frauen, die herausgefunden haben, dass die Gründer unserer Republik ihre Arbeit halb vollendet gelassen haben und dass die bessere Hälfte für sie übrig bleibt. Während praktischere und vernünftigere Frauen versuchen, ihre Küchen, Kinderzimmer und Salons in Ordnung zu bringen und sich vernünftig zu kleiden, beschäftigt sich diese Klasse von Unzufriedenen mit den schwerwiegendsten nationalen und wirtschaftlichen Fragen. Besessen von einer rastlosen Unzufriedenheit mit ihrem zugewiesenen Wirkungskreis und seinen Pflichten und sich an die Front drängend, um ihre Theorien zu lüften und die Qualität ihres Gehirns zu zeigen, fordern sie das Wahlrecht als Symbol und Garantie aller anderen Rechte.

Dies ist ihr Kernpunkt, obwohl daraus natürlich folgt, dass das Wahlrecht das Recht, gewählt zu werden, beinhaltet. Wenn dieses Ergebnis erzielt wird, können selbst Frauen, deren Geist sich nicht mit den Angelegenheiten des Staates beschäftigt, sondern lediglich Hausfrauen und Mütter sind, leicht einige solcher Ergebnisse voraussagen, die für den weiblichen Intellekt und die weibliche Beobachtungsgabe besonders klar sind . Die erste davon wäre eine völlig neue Gruppe von Agitatoren, die Mittel einsetzen würden, die der männlichen Intelligenz völlig fremd sind. Beispielsweise würde jeder Lieblingspriester und -prediger enorm an Einfluss und Macht gewinnen; denn der kirchliche Eifer, der sich jetzt in Jahrmärkten und Zeugnissen verschwendet, würde sich dann in der Gewinnung von Stimmen aufwenden, in welche Richtung auch immer sie angewiesen wurden, diese zu sichern. Es könnte sogar mit der Einführung des klerikalen Elements in unseren großen politischen Ratskammern enden – die Bischöfe im House of Lords wären ein ausreichender Präzedenzfall – und sehr viele Frauen würden wirklich glauben, dass die charmante Rhetorik der Kanzel sie durchdringen würde ein höherer Ton in gesetzgebenden Versammlungen.

Auch hier wären die meisten Frauen dafür, jeder malerischen Nationalität zu helfen, ohne Rücksicht auf die Monroe-Doktrin, die Finanzlage oder die Bedürfnisse des Marktes. Die meisten Frauen würden es für eine gute Tat halten, ihre Party für eine Freundin zu opfern. Die meisten Frauen würden ohne zu zögern ihre Politik ändern, wenn sie es als ihr Interesse sehen würden . Die meisten Frauen würden die Hauptpflicht, auf der alle Wahlrechte beruhen, ablehnen , nämlich ihr Land notfalls mit Waffengewalt zu verteidigen. Und wenn die Mehrheit der Frauen ein Gesetz verabschieden würde, gegen das die Mehrheit der Männer sich mit körperlicher Gewalt wehren müssten, was würden Frauen dann tun? Eine solche Stellung in der Reihenfolge des Frauenwahlrechts ist nicht unwahrscheinlich, und dennoch wäre, wenn es dazu käme, nicht nur ein Gesetz, sondern das *gesamte* Gesetz in Gefahr. Niemand bestreitet, dass Frauen unter schweren politischen und sozialen Behinderungen gelitten haben und immer noch leiden, aber in den letzten fünfzig Jahren wurde kontinuierlich viel für ihre Linderung getan, und es besteht kein Zweifel daran, dass die Zukunft alles geben wird, was möglich ist einigermaßen erwünscht. Zeit und Gerechtigkeit sind Freunde, obwohl es viele Momente gibt, die im Gegensatz zur Gerechtigkeit stehen. Aber alle derartigen Innovationen sollten die Zeit nachahmen, die nicht zerreißt und zerreißt, sondern sich langsam ablöst und abnutzt. Entwicklung, Wachstum, Vollendung sind der natürliche und beste Fortschritt. Wir kommen nicht voran, indem wir über Abgründe klettern, noch gestalten und verbessern wir unsere Häuser, indem wir unter den Fundamenten graben.

Schließlich können Frauen nicht hinter oder über ihre Natur hinausgehen, und ihre Natur besteht darin, die Vernunft durch Gefühle zu ersetzen – eine süße und nicht unschöne Eigenschaft in der Art und Weise und an den Orten von Frauen; Dennoch gilt die Vernunft im Großen und Ganzen als eine wünschenswerte Notwendigkeit in der Politik. Auf der Chicago Fair und bei anderen Zusammenkünften wurde bewiesen, dass die gesinnungsstärksten Frauen, obwohl sie mit Plattformen vertraut waren und tief in der „düsteren Wissenschaft" der politischen Ökonomie verwurzelt waren, wenn es um Streitereien ging, nicht philosophischer waren als die einfachste Hausfrau. Tränen und Hysterie waren für sie so selbstverständlich, als würde die ganze Welt nur aus Impuls wedeln; doch eine öffentliche Versammlung, bei der Gefühle und Tränen die Vernunft und Argumente verdrängten, würde auf keinen Fall Vertrauen oder Respekt hervorrufen. Frauen hören vielleicht auf, Frauen zu sein, aber sie können niemals lernen, Männer zu sein, und weibliche Sanftheit und Anmut können niemals die Wirkung der männlichen Tugenden von Männern erfüllen. Glücklicherweise ist es dieser Klasse unzufriedener Frauen noch nicht gelungen, die bestehenden Verhältnisse durch gewerkschaftsähnliche Zusammenschlüsse zu gefährden; und es ist auch unwahrscheinlich, dass sie es jemals tun werden; denn es ist zweifelhaft, ob sich Frauen unter allen Umständen überhaupt vereinen könnten. Für die Kombination sind bestimmte Eigenschaften notwendig, und diese Eigenschaften werden bei Frauen durch ihre Gegensätze repräsentiert.

Wenn man unzufriedene Frauen aller Art einzeln betrachtet, ist es offensichtlich, dass es langweilige Frauen sein müssen. Sie sehen nur die langweilige Seite der Dinge und verfallen von Natur aus in eine eintönige Art, sich auszudrücken. Sie haben auch die Angewohnheit, sich zu beschweren, eine Angewohnheit, die nur den niederen Intellekt anregt. Wo gibt es ein unzufriedeneres Geschöpf als einen guten Wachhund? Er ist ständig auf der Suche nach einer Verletzung seiner Rechte; und ein näherkommender Schritt oder ein fernes Bellen treibt ihn in Wut des Protests. Unzufriedene Frauen sind immer Egoistinnen; Sie betrachten alles in Bezug auf sich selbst und haben daher die mangelhaften Sympathien, die niedrigen Organisationen zu eigen sind. Sie gewinnen nie Vertrauen, denn ihre Unzufriedenheit erzeugt Misstrauen und Zweifel, und wie klug sie von Natur aus auch sein mögen, ein aufdringliches Selbst mit seinen Vorlieben und Abneigungen trübt ihr Urteilsvermögen und sie vertreten falsche Ansichten über Menschen und Dinge. Aus diesem Grund ist es fast ein aussichtsloser Versuch, ihnen zu zeigen, wie wenig sich die Menschen im Allgemeinen um ihre Beschwerden kümmern; denn sie haben so lange und so viel über sich selbst nachgedacht, dass sie sich kein anderes Thema vorstellen können, das den Rest der Welt interessieren könnte. Wir können sogar zugeben, dass es sich bei den Frauen, die mit öffentlichen Themen unzufrieden sind, oft um Frauen von großer Intelligenz, kluge Frauen mit viel Verstand handelt. Ist das das Beste? Wer liebt nicht viel mehr als bloße Klugheit die Sanftmut, dieses sonnige, zufriedene Gemüt, das mit einem Lächeln und einem freundlichen Wort für jeden durch die Welt geht? Es ist eines der reichsten Geschenke des Himmels; Laut Bischof Wilson sind es „neun Zehntel des Christentums".

Glücklicherweise ist die überwiegende Mehrheit der Frauen ihrem Geschlecht und ihrer Berufung treu geblieben. In jeder Gemeinschaft sind die Erbauer und Bewahrer von Häusern die dominierende Macht; und diese Beschränkungen können nur auf zwei Klassen angewendet werden: erstens auf die verheirateten Frauen, die Ehemann, Kinder und Zuhause vernachlässigen, wegen des törichten *Eklats* des Clubs und der Plattform oder wegen irgendeiner übernommenen sozialen, intellektuellen oder politischen Verpflichtung, die in Konflikt steht mit ihren häuslichen Pflichten: Zweitens, die unverheirateten Frauen, die ein bequemes Zuhause und liebevolle Beschützer haben, mit ihrer glücklichen, abgeschiedenen Sicherheit unzufrieden sind und sich in schwache Kunst oder schwache Literatur oder zweifelhaftes Singen und Schauspiel stürzen, weil ihre Eitelkeit und ruhelose Unmoral sie leiten auf den Marktplatz oder auf die Bühne.

Nicht eine dieser Frauen wurde von einem unbestreitbaren Genie vertrieben. Jede Arbeit, die sie geleistet haben, wäre besser von einer ungeschützten, erfahrenen Frau erledigt worden, die sich bereits auf den Feldern befindet, in die sie eingedrungen sind. Und die Gleichgültigkeit dieser Klasse gegenüber dem Geldwert ihrer Arbeit hat es den arbeitenden Frauen schwer gemacht, einen fairen Preis für ihre Arbeit zu bekommen, weil sie arbeiten oder verhungern müssen. Es ist die größte Unverschämtheit dieser Klasse reicher Unzufriedener, Sympathie für Woman's Progress zu zeigen. Nichts kann ihr Eindringen in den Arbeitsmarkt entschuldigen außer unbestrittener Genialität und hervorragender Arbeit; und dies konnte bisher in keinem Einzelfall nachgewiesen werden.

Die einzige unwiderlegbare Entschuldigung für den Eintritt von Frauen in das aktive öffentliche Leben jeglicher Art ist *Not* , und leider wächst die Not täglich, da die Ehe immer seltener wird und immer mehr Frauen ohne Helfer und Beschützer auf der Welt zurückgelassen werden. Aber dieses Thema ist zu umfassend, um hier näher darauf einzugehen, obwohl es ursprünglich von unzufriedenen Frauen ausging, die die Arbeit und Pflichten der Männer ihrer eigenen Arbeit und Pflichten vorzogen. Haben sie den Kampf des Lebens in männlichen Berufen als erhabener empfunden als in ihren alten weiblichen Haushaltsgewohnheiten? Ist die Arbeit in der Welt für Fremde weniger ermüdend und eintönig als die Arbeit im Haus für Vater und Mutter, Ehemann und Kinder? Wenn sie wahr antworten, werden sie antworten: „Die häuslichen Pflichten waren die einfachsten, sichersten und glücklichsten."

Natürlich werden alle unzufriedenen Frauen über jede Kritik an ihrem Verhalten empört sein. Sie erwarten von jedem , dass er über seine Gefühle nachdenkt, ohne seine Motive zu hinterfragen. Während sie im trüben Strudel des Lebens paddeln und sich mit Politik und den zwielichtigsten sozialen Fragen beschäftigen, sind sie immer noch der Meinung, dass zumindest Männer sie als das heilige Geschlecht betrachten sollten. Aber Frauen sind nicht durch die Gnade des Geschlechts heilig, wenn sie sich freiwillig von seinen Beschränkungen und seiner Bescheidenheit distanzieren und öffentlich ihre ungeschlechtlichen Empfindungen und unverhohlene Vertrautheit mit Themen zur Schau stellen, mit denen sie nichts zu tun haben. Wenn Männer solche Frauen scharf kritisieren, ist das nicht verwunderlich; Sie haben Frauen so lange idealisiert, dass es ihnen schwerfällt, gemäßigt zu sprechen. Sie entschuldigen sie zu sehr, sonst sind sie zu empört über ihre Torheiten und ungerecht und wütend in ihrer Anklage. Frauen müssen von Frauen kritisiert werden; Dann werden sie die nackte, kompromisslose Wahrheit hören und dadurch besser sein.

Abschließend muss man zugeben, dass ein Teil der modernen Unzufriedenheit der Frauen auf unbewussten Einfluss zurückzuführen ist.

In jedem Zeitalter gibt es eine Art Atmosphäre, die wir „Zeitgeist" nennen und die, solange sie anhält, über die Bedeutung und Wahrheit ihrer vorherrschenden Meinungen täuscht. Viele Frauen haben sich zweifellos durch bloße Berührung das Fieber der Unzufriedenheit zugezogen, aber sie müssen nur ein wenig nachdenken und entdecken, dass es ihnen im Großen und Ganzen im Leben ganz so gut ergangen ist, wie sie zu Recht erwarten dürfen. Dann werden diejenigen, die verheiratet sind, feststellen, dass die Ehe und die Pflege und die Liebe dazu durchaus in der Lage sind, alle ihre Wünsche zu befriedigen; und diejenigen, die wirklich arbeiten müssen, werden erkennen, dass das große Geheimnis des Inhalts in der unbewussten Akzeptanz des Lebens und der Erfüllung seiner Pflichten liegt – ein ernstes und universelles Glück, aber voller Trost und Hilfe. So werden sie aufhören, sich von der freundlichen Rasse der Frauen zu unterscheiden, und sich durch die Türen der Liebe, der Hoffnung und der Arbeit dieser glücklichen Menge anschließen, die nie entdeckt hat, dass das Leben etwas ist, mit dem man unzufrieden sein kann.

Frauen zu Pferd

JEDE Frau sollte reiten können. Es ist die gesündeste Übung; und in einem Leben voller Wechselfälle könnte es für sie eines Tages die einzige Möglichkeit zum Reisen sein – vielleicht die einzige Möglichkeit, ihr Leben zu retten.

Das erste Element der Freude am Pferdetraining ist gutes Reiten. Gutes Reiten ist eine Angelegenheit des Könnens, eine Ansammlung von Kleinigkeiten, die, wenn sie gründlich gemeistert werden, dem Reiter ein vollkommen sicheres Gefühl geben.

Ein Mann oder ein Junge kann das Reiten durch Übung lernen; das heißt, er kann hin und her taumeln, bis die Erfahrung ihm nicht nur Selbstvertrauen, sondern auch Sicherheit und sogar Eleganz gibt. Bei einer Frau ist das nicht der Fall. Ihr Sitz ist künstlich; ihr muss beigebracht werden, wie man es behält; Denn auch wenn sie einen Vater oder Bruder hat, der „gute Hände" hat und ihr zeigen kann , wie man mit den Zügeln umgeht und das Maul ihres Pferdes behutsam behandelt, kann er ihr nicht beibringen, in ihrem Sattel zu sitzen, weil er selbst nicht darin sitzen kann.

Das Pferd, auf dem eine Dame reitet, sollte ihrem Gewicht gewachsen, gut trainiert und gefügig sein, denn einer Frau auf einem Pferd hilft nur ihre Hand und ihre Peitsche. Wenn der Sattellappen groß ist, ist der Druck des linken Beines fast nutzlos, und die Falten ihres Reitkleides beeinträchtigen oft die Disziplin des Sporens.

Die Peitsche ist daher ihre wichtigste Stütze, und ihre Handhabung ist von großer Bedeutung. Da es eigentlich das rechte Bein und den Sporn eines Mannes ersetzen soll, sollte es steif und echt sein, wie leicht und dekorativ es auch sein mag. Die Haut des Nilpferds macht einen sowohl leicht als auch streng. Es bereitet kaum Schwierigkeiten, es auf der rechten Seite des Pferdes zu verwenden, aber es auf der anderen Seite des Pferdes zu verwenden, erfordert sowohl Geschicklichkeit als auch Vorsicht. Denken Sie zunächst daran, ein Pferd niemals über einen Teil des Kopfes oder Halses zu schlagen; zweitens, falls nötig, schlagen Sie ihn auf die Vorhand, heben Sie die Peitsche ruhig in eine aufrechte Position, lassen Sie sie dann fest und plötzlich entlang der Schulter herabsinken und kehren Sie sofort in die aufrechte Position zurück ; Drittens erfordert ein richtiger Schlag auf die nahe Hinterhand einen festen und anmutigen Sitz. Führen Sie die rechte Hand so weit wie möglich sanft hinter die Taille, ohne die Position des Körpers auch nur im Geringsten zu verzerren, und schlagen Sie zu, indem Sie die Peitsche zwischen den ersten beiden Fingern und dem Daumen halten. Diese Aktion sollte durchgeführt werden, ohne die Position oder Bewegung der Zügelhand zu beeinträchtigen.

So wie die Reitkleidung eines Herrn niemals schick sein sollte , so sollte die einer Dame niemals schnell oder auffällig sein. Der Hut sollte eng am Kopf anliegen, denn die Hände werden für Zügel und Peitsche benötigt und können nicht ständig mit der Anpassung beschäftigt werden. Je schlichter es ist, desto damenhafter; Wenn jedoch Federn verwendet werden, sind solche des Hahns, Fasans, Pfaus oder Reihers am besten geeignet. Für den echten Gebrauch kann die Kutte bis zu 30 cm tief mit Leder gefüttert werden. In englischen Jagdbezirken werden bei hellem Wetter manchmal leichte Westen und im Winter Überjacken aus Robbenfell getragen. Denken Sie daran, dass Brust und Rücken sowohl während als auch nach anstrengenden Fahrten doppelten Schutz benötigen. Röcke sind ernsthaft im Weg. Das kuschelige Unterkleid aus Flanell und die Pantalets aus dem gleichen Stoff wie das Habit sind alles, was nötig ist. Leichte, hohe Stiefel sind ein großer Komfort auf Langstreckenfahrten und fast ebenso gut sind Gamaschen aus schwerem Stoff, Samt oder Cord.

Der Sattel sollte immer das sogenannte Jagdhorn auf der linken Seite haben; Doch so verbreitet es im Norden auch ist, ich habe es zehn Jahre lang in Texas nie auf einem Sattel gesehen. Der rechte Vorderzwiesel ist im Weg und die besten Sättel haben stattdessen nur noch einen flachen Vorsprung. Es hindert den Reiter daran, die rechte Hand so tief zu legen, wie es ein unruhiges Pferd erfordert, und junge und ängstliche Reiter neigen dazu, sich daran zu gewöhnen, sich darauf zu stützen.

Der Wert des Jagdknaufs ist sehr groß. Wenn das Pferd plötzlich hochspringt, hält es das linke Knie fest und macht es zum Drehpunkt, um das rechte an der richtigen Stelle zu halten. Beim Herunterfahren steiler Stellen verhindert es ein Vorwärtsrutschen und ist eine große Hilfe bei der Bewältigung eines harten Zuges. Eine Reiterin kann nicht darauf geworfen werden, und es macht es nahezu unmöglich , dass sie auf den anderen Knauf geworfen wird; außerdem verleiht es dem Habit und der Figur ein viel feineres Aussehen.

Aber es ist für jede Dame notwendig, dass dieser Knauf so sorgfältig an ihre Person angepasst wird, wie es ihr Habit ist. Sehen Sie nicht nur, wie sich der Sattel bewegt, sondern *setzen Sie sich auch darauf* . Ein zufälliger Sattel scheint zu passen; Wenn also ein Schuh Nr. 4 getragen wird, kann ein fertiger Schuh Nr. 4 tragbar sein; Aber so wie ein Schuh, der an den Fuß des Trägers angepasst ist, immer am besten ist, gilt auch ein Sattel, der an die Proportionen des Reiters angepasst ist.

Ein Steigbügel kann von Vorteil sein, wenn der Fuß ermüden kann; Aber seit der allgemeinen Einführung des dritten Knaufs ist er für eine Frau nicht mehr so notwendig wie für einen Mann. Eine Frau neigt auch dazu, ihn zu einem Hebel zu machen, um sich im Sattel zu „zappeln", eine Angewohnheit, die nicht nur sehr unansehnlich ist, sondern auch bei manchen Pferden Rückenschmerzen verursacht, was auf einem festen, ruhigen Sitz nie der Fall ist .

Zügel sollten einem Lernenden nicht gegeben werden; Ihre ersten Unterrichtsstunden sollten auf einem geführten Pferd stattfinden. Den besten Reiterinnen Englands wurde das Gehen, Galoppieren, Galoppieren, Traben und Springen ohne die Hilfe von Zügeln beigebracht. Ich befürworte den Plan nicht für den allgemeinen Gebrauch, aber ich weiß, dass Lernende dazu neigen, sich die Gewohnheit anzueignen, sich am Zügel festzuhalten .

Wenn der Hand Zügel anvertraut werden, halten Sie sie mit beiden Händen. Ein Zaumzeug und zwei Hände sind weitaus besser als zwei Zaumzeug und eine Hand. Die Praxis des Einhandreitens hat ihren Ursprung in Militärschulen; denn ein Soldat hat ein Schwert oder eine Lanze zu tragen, und Reitschulen wurden gewöhnlich von alten Soldaten unterhalten. Aber wer versucht, ein Pferd im Geschirr mit einer Hand zu drehen? Halten Sie die Zügel nicht so, als ob Sie Angst hätten, sie wieder loszulassen, denn das führt nicht nur zu einer „toten" Hand, sondern zwingt den Körper des Reiters auch dazu, den Launen des Pferdekopfes zu folgen. Halten Sie die Zügel leicht und sanft, „als wären sie ein Kammgarnfaden". Und von der Zeit, in der das Pferd in Bewegung ist, bis zum Ende des Rittes, hören Sie nie auf, ein sanftes, mitfühlendes Gefühl im Mund zu spüren. Frauen erlangen im Allgemeinen leichter ein „gutes Händchen" als Männer. Erstens ist es teilweise natürlich und spontan; im zweiten Fall verlassen sie sich nicht so sehr auf ihre körperliche Stärke und ihren Mut. Ein Mann im Stolz seiner Jugend neigt dazu, diese Manipulation zu verachten.

Viele Fahrer sagen, dass es für eine Frau besser ist, nur die Bordsteinkante zu benutzen; aber wenn sie das tut, ist jede Chance, „Hand" zu lernen, dahin. Ich sage: Lass sie die Zügel mit beiden Händen benutzen und lockere oder straffe sie, je nach dem Tempo, das sie wünscht, und dem Eifer des Pferdes. Wenn ihr dies gelingt und sie nie „auf Zug" bleibt, ist sie auf einem langen Weg zu einer guten Reiterin. Für das Abbiegen gibt es keine bessere Regel als Colonel Greenwoods einfache Maxime: „Wenn Sie nach rechts abbiegen möchten, ziehen Sie den rechten Zügel stärker als den linken" – und *umgekehrt* .

Alle Frauen sollten Galopp lernen, bevor sie Trab lernen. Es ist ein viel einfacheres Tempo und hilft, Selbstvertrauen zu schaffen. Um *mit dem rechten Vorderbein voran zu galoppieren* , üben Sie einen zusätzlichen Druck auf den rechten Zügel und einen starken Druck mit dem linken Bein, der Ferse oder dem Sporn aus. Führen Sie gleichzeitig die Peitsche über die nahe Vorhand des Pferdes. Wenn er zögert, führen Sie die Hand hinter die Taille und schlagen Sie auf das nahe Hinterteil.

Um *mit dem linken Vorderbein voran zu galoppieren, muss der linke Zügel zusätzlich ausgerichtet werden, indem der kleine Finger* zur rechten Schulter gedreht und die Peitsche auf der rechten Schulter oder Flanke eingesetzt wird. Lassen Sie das Pferd niemals selbst entscheiden, welches Vorderbein es führen soll; Unterwerfe ihn deinem Willen und deiner Hand; und es ist eine gute Idee, im Galopp das Vorderbein zu wechseln. Denken Sie bei allen Bewegungen daran, den Zügelarm nah am Körper zu halten und den Ellbogen nicht nach außen zu werfen. Die Bewegungen der Hand müssen allein aus dem Handgelenk kommen, und die Orientierung am Pferdemaul erfolgt durch sanftes Aufwärtsdrehen des kleinen Fingers, wobei die Hand gleichzeitig fest um die Zügel geschlossen bleibt.

Das Pferd wird zum Traben angeregt, indem es beide Zügel gleichmäßig stützt und die Peitsche sanft auf die *rechte* Flanke setzt. Setzen Sie sich gut in den Sattel und heben und senken Sie sich mit der Bewegung des Pferdes, wobei Sie leicht vom Spann und vom Knie aus federn. Nichts ist hässlicher, als zu hoch zu steigen, und abgesehen von seiner unbeholfenen, unanmutigen Erscheinung gefährdet es auch die Position. Wenn das Pferd von selbst in den Galopp übergeht, halten Sie es sofort an und beginnen Sie erneut, oder drücken Sie kräftig auf beide Zügel, bis es seinen Trab wieder aufnimmt, oder unterbrechen Sie den Galopp, indem Sie kräftig auf die Zügel drücken, die ihm gegenüber liegen Bein. Beginnen Sie immer in einem sanften Tempo und traben Sie niemals einen Moment, nachdem Sie Angst oder Müdigkeit verspürt haben.

Die Reitkunst einer Dame ist erst dann vollendet, wenn sie das Springen gelernt hat; Denn selbst wenn sie nichts anderes als einen Galopp im Park vorhat , springen Pferde manchmal ohne Erlaubnis. Wenn ein Pferd einen Sprung macht, beugen Sie sich *weit nach vorne* und drücken Sie sanft auf das Maul. Wenn er den Sprung macht, schlagen Sie auf die rechte Flanke (falls erforderlich). Lehnen Sie sich beim Abstieg *nach hinten* , drücken Sie das Bein fest gegen den Jagdknauf und drücken Sie das Zaumzeug fest auf das Maul. Fangen Sie das Pferd mit der Peitsche ein und treiben Sie es mit hoher Geschwindigkeit voran.

Ich möchte jetzt noch ein paar Worte zum Auf- und Absteigen sagen, obwohl sich jeder Tyro vorstellt, dass dies die einfachste aller Aktionen ist. Stellen Sie sich beim Aufsteigen nah an das Pferd, mit der rechten Hand auf dem Mittelzwiesel, der Peitsche in der linken Hand und der linken Hand auf der rechten Schulter des Pferdes. Kraxeln Sie nicht, sondern springen Sie in den Sattel; Setzen Sie sich gut hin und lassen Sie das rechte Bein *etwas nach hinten über den Knauf hängen* , denn wenn der Fuß herausragt , ist der Halt nicht fest. Lehnen Sie sich lieber nach hinten als nach vorne, fest und eng von der Hüfte abwärts, flexibel von der Hüfte nach oben. Die Zügel müssen etwas oberhalb der Kniehöhe gespreizt gehalten werden. Beim Absteigen nehmen Sie zuerst das rechte Bein vom Knauf, dann das linke vom Steigbügel. Achten Sie darauf, dass die Kleidung frei von allen Knäufen ist, insbesondere vom Jagdknauf; Lassen Sie die Zügel auf den Hals des Pferdes fallen, legen Sie die linke Hand auf den rechten Arm des Stallknechts und die rechte Hand auf den Jagdknauf und senken Sie sich auf den Fußballen auf den Boden.

Ich habe noch ein Thema zu beachten. Es ist folgendes: Wenn eine Frau reiten will, muss sie wissen , *wie sie auf sich selbst aufpassen* kann, ganz gleich, wer ihre Begleiterin ist, ob im Park oder auf der Jagdwiese ; nicht mit aufdringlicher Unabhängigkeit, sondern mit jenem bescheidenen, bescheidenen Selbstvertrauen, das das Ergebnis einer vollkommenen Kenntnis aller Anforderungen der Situation ist.

Ein gutes Wort für Xanthippe

Zur Entschuldigung, Erklärung und Verteidigung

MAN kann es uns vielleicht verzeihen, wenn wir die Lebenden nach unserem Humor beurteilen, aber die Toten sollten wir zumindest nur mit unserer Vernunft beurteilen. Werden wir ewig, sollten wir uns bemühen, sie an der ewigen Regel der Gerechtigkeit zu messen. Wenn wir dies täten, wie viele Charaktere, die jetzt eine Unsterblichkeit haben, würden zu einem günstigeren Urteil gelangen? Seit 23 Jahrhunderten gilt Xanthippe als Inbegriff für alles Unschöne im weiblichen und ehelichen Leben. Wir vergessen alle anderen griechischen Matronen der Perikleischen Zeit und erinnern uns mit Verachtung an diese arme Frau. Wenn wir jedoch einer genauen Analyse ihrer Position, die anderen Texten klassischer Autoren zuteil wird, auch nur halb so sorgfältige Prüfungen durchführen würden , könnten wir feststellen, dass sie eher unserer Sympathie als unserer Verachtung würdig ist.

Lamprokles , auf die Pflicht hinweist, einer Mutter, die ihn so viel mehr liebte als alle anderen, respektvolle Aufmerksamkeit zu schenken, und er nennt ihn ein „Elender", der es vernachlässigen sollte. Tatsächlich ist das Bild, das er von der mütterlichen Beziehung zeichnet, eines der schönsten Dinge in der antiken Literatur. Hätte Sokrates zu Respekt und Gehorsam gegenüber einer Mutter gedrängt, die dessen nicht würdig war? Hätte Lamprokles die väterliche Auspeitschung und Zurechtweisung ebenso demütig aufgenommen wie er, wenn er sich seines Fehlers nicht bewusst gewesen wäre? Und wenn es etwas Unpassendes darin gegeben hätte, dass Sokrates Xanthippe Lamprokles ' Respekt und Gehorsam einforderte , hätte Xenophon es dann nicht bemerkt? Aber wir appellieren nicht an Philosophen und Väter für Xanthippe; Mütter und Hausfrauen müssen sie verurteilen. Als sie Sokrates heiratete, war er ein Bildhauer, und dem Bericht zufolge ein sehr guter, vielleicht kein Phidias, aber einer, der gute, brauchbare und bezahlte Arbeit leistete. Er hatte ein Haus in Athen, und die Leute zahlten damals wie heute Miete und gingen auf den Markt; und er hatte eine Frau und eine Familie, die er offensichtlich unterstützen sollte. Zweifellos war Xanthippe eine gute Haushälterin – Frauen mit scharfem Temperament haben diesen Ausgleich normalerweise –, aber wer kann den Haushalt ohne Grund freundlich führen? Herr Grote erzählt uns, dass Sokrates seinen bezahlten Beruf aufgab und sich dem Unterrichten widmete, „wobei er alle anderen Geschäfte unter Vernachlässigung aller Vermögensverhältnisse ausschloss".

Wenn er Geld für den Unterricht genommen hätte, wäre Xanthippe vielleicht nicht so sehr gegen ihn gewesen; aber er wollte weder eine

Belohnung verlangen noch eine erhalten. Tatsache war wahrscheinlich, dass Sokrates Freude am Reden hatte und es ihm vorzog, mit der Wirtschaft zu reden. Was auch immer *wir* von seinen „Vorträgen" halten mögen, Xanthippe hielt sie wahrscheinlich nicht für etwas Wundervolles. Nur eine Jury aus Frauen, deren Ehemänner „Missionen" haben und für sie alles vernachlässigen, könnte Xanthippe in diesem Punkt fair beurteilen. Es nützt uns nichts zu sagen: „Sokrates war so ein großer Mann, so ein göttlicher Lehrer." Xanthippe wusste es nicht, und viele der weisesten und größten Athener hatten in dieser Hinsicht nicht mehr Verstand als sie. Aristophanes machte ihn regelmäßig zum Theaterspieler. Welche christliche Frau hätte das gerne? Über ihn wurden komische Stücke geschrieben, und die Gamins unter den Säulenhallen verspotteten ihn. Wenn er geehrt worden wäre, hätte Xanthippe ihm seine selbst auferlegte Armut verziehen; aber arm zu sein und ausgelacht zu werden! Zweifellos hatte er einen guten Teil der Vorträge, die er bekam, verdient.

Dann hatte Xanthippe einen weiteren Grund zur Klage, bei dem sie sich der Sympathie aller Ehefrauen sicher sein wird. Sokrates teilte die Armut, zu der er seine Familie verurteilte, nicht in ihrer ganzen Bitterkeit. Während sie zu Hause ihre Hülsenfrüchte und Oliven aß, speiste er mit athenischen Adligen und trank Wein an der Seite der brillanten Aspasia oder der faszinierenden Theodite .

Wir sehen Sokrates als einen großen Morallehrer, der „durch die Schatten der Zeit hindurch glänzt"; aber viele der Athener seiner Zeit lachten über ihn, und nur sehr wenige bewunderten ihn. Auf jeden Fall sorgte er nicht für die Bedürfnisse seines Haushalts, und selbst ein Junggeselle wie der heilige Paulus verurteilt einen solchen aufs Schärfste. Sicherlich bewunderten die Männer von Athen Sokrates nicht, und wahrscheinlich sympathisierten die Frauen aus Xanthippes Bekanntschaft mit ihr — für eine Frau ihres Temperaments ein sehr großer Ärger. Man könnte sagen, dass dies alles ein besonderes Bitten ist, aber wenn wir vergeblich an die Tür bestimmter Wahrheiten geklopft haben, sollten wir versuchen, durch das Fenster in sie einzudringen.

Die Favoriten der Männer

MAN kann davon ausgehen, dass Frauen, die bei Männern beliebt sind, sehr selten auch bei ihrem eigenen Geschlecht beliebt sind. Wo immer sich Frauen versammeln und über andere Frauen gesprochen wird, werden die Favoriten der Männer mit jenem Ton der Missbilligung und Verachtung genannt, der darauf schließen lässt, dass etwas nicht ganz angemessen ist – etwas Unerwünschtes an der Position. Wenn konkrete Anschuldigungen erhoben werden, wird die „Favoritin" wahrscheinlich als „ein raffinierter kleiner Flirt" bezeichnet oder sie wird „schlau" oder „schnell" sein. Matronen werden sich fragen, was die Männer in ihrem Gesicht oder ihrer Figur sehen; und die jungen Mädchen werden ihre Manieren beklagen, oder vielmehr ihren Mangel an Manieren; oder sie werden barmherzig „hoffen, dass an ihrer Freiheit und Kühnheit nichts wirklich falsch ist, aber –" und der Seufzer und das Achselzucken werden die wohltätige Hoffnung mit aller Nachdruck leugnen, die für ihre Verurteilung nötig ist. Denn wenn ein Mädchen bei den Männern ihres Umfelds beliebt ist, wird sie von den Frauen natürlich nicht gemocht, da sie weit mehr als ihren Teil der Bewunderung auf sich zieht; und die Bewunderung der Männer, ob Frauen dies anerkennen oder nicht, ist der Wunsch und die Freude des weiblichen Herzens, genauso wie die Liebe der Frauen der Wunsch und die Freude des männlichen Herzens ist.

Im gesellschaftlichen Umgang gefallen Männern zwei Arten von Frauen: die aufgeweckte, freche Frau, die Dinge sagt und tut, die keine andere Frau zu sagen und zu tun wagt, und die deshalb sehr amüsant ist; und die sympathische Frau, die sie bewundert und vielleicht liebt. Aber diese beiden großen Klassen haben eine große und unbestimmte Vielfalt, und die kluge kleine Frau mit ihrer unschuldigen Kühnheit und der anmutige, schwanenhalsige Engel mit ihren feinen Gefühlen und ihren sanft gesprochenen Komplimenten sind nur Artentypen mit unendlichen Eigenheiten. und Unterscheidungen. Die beiden Frauen, die ruhig im selben Raum sitzen und in der gleichen orthodoxen Kleidung gekleidet sind, scheinen vielleicht nicht grundlegend unterschiedlich zu sein, aber sobald das Gespräch und Tanzen beginnt, sagt die eine ganz offenherzig, was sie denkt : und Reize auf die unverhohlenste Art und Weise, während die andere in abgeschiedenen Winkeln gesucht werden muss, ruhig und zurückhaltend, mit nachdenklicher Bewunderung der Klugheit ihrer Begleiterin zuhörend und auf jene heimtückische Art flirtend, die die Wangen anderer Frauen vor Empörung brennen lässt.

Ein absolut weibliches Ideal zum Zwecke des Flirts oder der platonischen Freundschaft – sofern ein solches Gefühl vorliegt – ist nicht anzunehmen;

denn der Mann ist selbst so vielseitig, dass die Frau, die in der eigenen Einschätzung vollkommen ist, in der eines anderen uninteressant wäre. Es ist jedoch sehr sicher, dass die Frauen, mit denen Männer flirten, nicht die Frauen sind, die Männer heiraten. Ihre gesellschaftlichen Lieblinge sind nicht die ehelichen Lieblinge, und deshalb ist es nicht gut für das Leben eines Mädchens, wenn es den Ruf bekommt, ein „Liebling der Herren" zu sein. Es ist eher eine Situation, die man vermeiden sollte, denn das aufgeweckteste oder süßeste Mädchen mit diesem Charakter wird wahrscheinlich seine besten Jahre damit verbringen, alle zu bezaubern, ohne einen Liebhaber fürs Leben an seine Seite zu binden. Das ist das Geheimnis der großen Zahl schlicht verheirateter Frauen, die jeder zu seinen Bekannten zählt.

Die Position eines Favoriten ist nicht einfach. Sie muss viele Eigenschaften kultivieren, die besser genutzt werden sollten und zu zufriedenstellenderen Ergebnissen führen. Sie muss genug Urteilsvermögen haben, um das Flirten als seinen eigentlichen Wert einzuschätzen; Denn wenn sie Liebesspiel mit Liebe verwechselt und alles *auf die Reihe nimmt* , wäre ihr Ruf als sichere Favoritin ernsthaft gefährdet. Bei ihren Flirts darf sie sich niemals zeigen lassen, ob sie geschlagen wird oder nicht. Sie darf niemals dulden, dass ein Kerl Anlass zu einer Prahlerei hat. Sie muss jeden Umstand vermeiden, der einer weiblichen Rivalin Gelegenheit zu einem Spott geben würde. Sie muss in der Lage sein, fröhlich zu geben und zu nehmen, jede soziale Wunde und Beleidigung zu verbergen und gegenüber allem Unangenehmen taub zu sein. Kurz gesagt, sie muss jederzeit bewaffnet sein, darf niemals ihre Waffen niederlegen und darf niemals außer Wache sein. Es handelt sich also um eine Position, deren Anforderungen, wenn sie in ein aktives Geschäftsleben umgesetzt würden, die größtmöglichen Ressourcen eines fruchtbaren und tatkräftigen Mannes erfordern würden.

Und was sind die allgemeinen Ergebnisse der so vielfältigen und fleißig eingesetzten Talente? Wie üblich bahnt sich die Lieblingstänze und Flirts der Herren ihren Weg von einer brillanten Mädchenzeit zu einer ärgerlichen, vernachlässigten *Femme Passée* . Mittlerweile hat sie die peinliche Erfahrung gemacht, dass die einfachen Mädchen, die sie verachtete, zu angesehenen Ehefrauen und Müttern und möglicherweise zu Anführerinnen in der Gesellschaftswelt wurden, die sie immer noch zu einer der Reihen der Jungfern macht. Ihre Enttäuschungen spiegeln sich, auch wenn sie sie sorgfältig verheimlicht, in ihrem Körper wider. Sie sieht, wie ihre Macht schwindet und der Winter der Unzufriedenheit naht, den verpasste Gelegenheiten mit Sicherheit mit sich bringen werden.

Angetrieben von einem Gefühl der Eile durch eine unglückliche Kränkung heiratet sie vielleicht unabsichtlich einen Mann, der vor zehn

Jahren nicht gewagt hätte, ihre Schuhschnalle zu umklammern. Wenn er zufällig einen festen Willen und einen starken Charakter besitzt, wird er versuchen, sie scharf auf seine Seite zu ziehen, und es wird endlose Reibereien und Repressalien mit allen möglichen Folgen geben. Wenn er ein alter Liebhaber ist, schwach in seinen Absichten, albern und hirnlos in seiner Bewunderung , dann wird aus der törichten Flirt-Jungfrau wahrscheinlich eine törichte Flirt-Ehefrau; und eine erbärmliche Gefälligkeit wird ihre natürliche Folge von Verachtung und Abneigung hervorbringen und vielleicht in einem eklatanten sozialen Vergehen gipfeln.

Bei Männern beliebt zu sein, ist daher für keine Frau eine wünschenswerte Ehre. Sie werden ihre Schönheit bewundern, sich in ihrem Lächeln sonnen und ein wenig vergängliche Freude und Ruhm zu ihren Gunsten einfangen; aber sie werden sie nicht heiraten. Und der Grund ist, auch wenn er für ein gedankenloses Mädchen nicht sehr offensichtlich ist, zumindest ein sehr realer und mächtiger. Das liegt daran, dass ein solches Mädchen *sie niemals von ihrer besten Seite berührt* und niemals die weibliche Natur in sich offenbart, von der ein Mann instinktiv weiß, dass sie die Grundlage für den Wert der Frau bildet – die Natur, die sich im Dienst um der Liebe willen als absolute Notwendigkeit zum Ausdruck bringt seines Seins.

Im Gegenteil, eine „Favoritin" tendiert ganz zu einer Seite, und diese Seite ist sie selbst. Sie ist anmaßend und anspruchsvoll in den trivialsten Angelegenheiten der äußerlichen Huldigung. Sie wird auf dem Knie bedient, und ihr Dienst ist hart und undankbar. Und das ist die Wahrheit über eine solche Hommage: Männer mögen gezwungen sein, für kurze Zeit vor den Launen einer Frau zu knien, aber wenn sie den Mut finden, aufzustehen, verschwinden sie für immer.

Daher ist die Einschätzung der Frauen für diejenigen ihres eigenen Geschlechts, die von einer großen Anzahl von Männern bevorzugt werden, sehr gerechtfertigt. Es ist im Wesentlichen weder unfair noch unwahr, denn in dieser Welt können wir Handlungen nur nach ihren Konsequenzen beurteilen; und die Folgen einer langen Karriere allgemeiner Bewunderung rechtfertigen keine ehrenvolle Erwähnung der Schönheit vieler Jahreszeiten. Den Folgen ihrer sozialen Erfahrung kann sie sich kaum entziehen. Sie muss zwangsläufig falsch und künstlich werden. Sie kann einer krankhaften Eifersucht auf ihre eigenen Rechte und einer schmerzhaften Eifersucht auf die Erfolge derer, die sie in ihrer Ehe überholt haben, nicht widerstehen.

Auch wenn diese Eigenschaften sich verstärken, kann sie ihre Anwesenheit keineswegs verbergen. Jedes Merkmal unserer Natur hat seine unverwechselbare Atmosphäre; Es ist subtil und unsichtbar wie der Duft einer Pflanze, aber es macht sich deutlich präsent – selbst wenn wir darauf achten, das Gefühl nicht in die Tat umzusetzen . Im Allgemeinen sind

Männer keine Analysatoren oder Charakterforscher, aber die kluge Art und die geistreichen Gespräche ihres Lieblings täuschen sie nicht. Früher oder später reagieren sie empfindlich auf die Unruhe, die Enttäuschung, den Neid und den Hass, die sich unter dem Lächeln und dem Glanz verbergen. Vielleicht verdrängen sie das Wissen zu diesem Zeitpunkt, aber wenn sie allein sind , werden sie irgendwann alles zugeben und verstehen.

Und das Traurigste an dieser Situation ist, dass sie überhaupt nicht erstaunt sind über das, was ihr Herz ihnen offenbart. Sie wissen, dass sie nichts Besseres, nichts Dauerhaft Wertvolleres erwartet haben. Sie sagen sich offen, dass sie in der Gesellschaft dieser Frau nie nach unvergänglichen Tugenden gesucht haben; Sie war nur eine hübsche *Übergangsfrau* – eine Frau, die für das Lachen des Lebens geeignet war, aber nicht für seine edelsten Pflichten und Disziplin.

Denn wenn gute Männer heiraten wollen, suchen sie eine Frau wegen dem, was *sie ist* , nicht wegen ihres Aussehens. Sie wollen eine sanfte Frau von tadelloser Ehre, die ihren Mann liebt und weder davor zurückschreckt, Kinder zu bekommen noch sie auf den Knien großzuziehen; die sich um ihre Hauspflichten und das Wohlergehen und Wohlergehen ihres Mannes kümmert, als wären diese Dinge ein elftes Gebot. Und solche Frauen, die schön und kultiviert genug sind, um jedes Zuhause glücklich zu machen, sind nicht schwer zu finden. So eigenartig und individuell ein Mann auch sein mag, es gibt nur sehr wenige in einer Generation, die eine gute Frau nicht davon überzeugen können, dass ihre Besonderheiten ungewöhnliches Genie, raffiniertes moralisches Feingefühl oder eine andere große und seltene Exzellenz sind.

Bevor sich ein Mädchen daher auf einen frivolen und zeitvergnüglichen Weg einlässt, der ihr den falschen Spitznamen „Liebling" der Männer einbringt, sollte sie sorgfältig über den Abschluss einer solchen Karriere nachdenken. Denn sobald sie diesen Ruf erlangt hat, wird es ihr sehr schwerfallen, sich von den Folgen zu befreien. Und leider ist es sehr wahrscheinlich, dass viele Mädchen gedankenlos in diese Karriere einsteigen und erst dann merken, dass sie einen Fehler in ihrem Leben gemacht haben, wenn sie darin verstrickt sind. Dann fühlen sie sich elend in den Bedingungen, mit denen sie sich umgeben haben, und haben dennoch Angst, sie zu verlassen. Ihre Popularität ist ihnen zuwider. Sie strecken ihre Hände nach ihrer vergeudeten Jugend aus, und ihre Zukunft schreckt sie ab. Sie weinen, weil sie denken, es sei zu spät, ihre Fehler wiedergutzumachen.

NEIN! Es ist nie zu spät, den Kopf und das Herz zu heben! Es ist immer die richtige Stunde, wieder edel, wahrhaftig und mutig zu werden! Kurz gesagt, es gibt immer noch eine göttliche Hilfe für diejenigen, die sie suchen; und in dieser Stärke können alle umkehren und ihr bestes Selbst

zurückgewinnen. Solange das Leben dauert, gibt es keinen Zeitpunkt, an dem
es „zu spät" ist! Und oh, wie gut tut diese Tatsache!

Mütter großer und guter Männer

FRAUEN neigen dazu, sich darüber zu beschweren, dass ihr Schicksal einflusslos sei. Im Gegenteil, ihr Los ist voller Würde und Wichtigkeit. Wenn sie keine Armeen anführen, wenn sie keine Staatsoffiziere oder Kongressredner sind, prägen sie die Seelen und Gedanken der Männer, die es tun und sind; und geben Sie die erste Berührung, die ein Leben lang anhält. Die Überzeugung, dass die Mutter Einfluss auf das Schicksal ihrer Kinder hat, ist so alt wie die Rasse selbst; Die alte Geschichte ist reich an Beispielen; und sogar das Schicksal der Götter wird als in seiner Macht dargestellt dargestellt. Es waren die Mütter des antiken Roms, die das antike Rom groß machten; Es waren die spartanischen Mütter, die die spartanischen Helden hervorbrachten. Diese Söhne zogen als Eroberer aus, deren Mütter sie mit dem Befehl bewaffneten: „Mit deinem Schild oder darauf, mein Sohn!"

Die Macht der Mutter, den Charakter des Kindes zu formen, ist unberechenbar. Kann man den Namen Monica jemals von dem ihres Sohnes Augustine trennen? Niemals verzweifelt, auch wenn ihr Sohn tief in Verschwendungssucht versunken war. Er schaute zu, flehte und betete mit solchen Tränen und Inbrunst, dass der Bischof von Karthago voller Bewunderung ausrief: „Geh deinen Weg! Es ist unmöglich, dass der Sohn dieser Tränen umkommt!" Und sie erlebte noch, wie das Kind ihrer Liebe all das war, was ihr Herz begehrte. Auch in der gesamten Literatur gibt es keine edleren Passagen als die, die der heilige Augustinus dem Andenken eines Elternteils weiht, der zu allen Zeiten mit den erhabensten Gnaden der Mutterschaft gekrönt wurde.

Bischof Hall sagt über seine Mutter: „Sie war eine Frau von seltener Heiligkeit." Und von ihr erhielt er den hingebungsvollen Geist und die Würde des Gebets, die ihm einen so grenzenlosen Einfluss in der Kirche verschafften, der sein Leben geweiht war. Der „göttliche George Herbert" schuldete seiner Mutter eine noch größere Schuld, und der berühmte John Newton präsentiert sich selbst als „ein Beispiel für die Ermutigung von Müttern, ihre Pflicht gegenüber ihren Kindern treu zu erfüllen ". Jeder kennt das Bild, das zeigt, wie Dr. Doddridges Mutter ihm die Geschichte des Alten und Neuen Testaments aus den bemalten Kacheln in der Kaminecke lehrt, bevor er lesen konnte. Crowley, Thomson, Campbell, Goethe, Victor Hugo, Schiller und die Schlegels , Canning, Lord Brougham, Curran und Hunderte unserer großen Männer mögen mit Pierre Vidal sagen:

„Wenn etwas Gutes oder Gnade ist

Sei mein, ihr sei die Herrlichkeit;

Sie führte mich auf dem Weg der Weisheit

Und stelle mir das Licht vor."

Vielleicht gab es nie ein wunderbareres Beispiel mütterlichen Einflusses als das der Mutter der Wesleys . Um ihre eigenen Worte zu verwenden, kümmerte sie sich um ihre Kinder als „jemand, der mit Gott zusammenarbeitet, um eine Seele zu retten". Sie betrachtete sich nie als von dieser Fürsorge entbunden, und ihre Briefe an ihre Söhne, als diese Männer waren, sind das Wunder aller, die sie lesen. Ein weiteres prominentes Beispiel ist das von Madame Bonaparte über ihren Sohn Napoleon. Das sagt er über sie: „Sie hat nichts erlitten als das, was großartig und erhaben war, um in unseren Seelen Wurzeln zu schlagen . " Sie verabscheute Lügen und ignorierte keinen unserer Fehler." Welche große Rolle die Mutter Washingtons bei der Charakterbildung ihres Sohnes spielte, müssen wir uns nur Irvings „Life of Washington" zuwenden, um zu sehen. Und es war ihre größte Ehre und Belohnung, als die Welt von seinem Ruf widerhallte, zuzuhören und ruhig zu antworten: „Er war ein guter Sohn, und er hat seine Pflicht als Mann erfüllt."

John Quincy Adams verdankte seiner Mutter alles. Die Wiegenlieder seiner Kindheit waren Lieder der Freiheit, und sobald er seine Gebete lispeln konnte , brachte sie ihm bei, Collins' edle Zeilen aufzusagen: „Wie schlafen die Tapferen, die zur Ruhe sinken." Es gibt kein schöneres spätes Beispiel für den Einfluss einer Mutter auf die Charakterbildung als das von Gerald Massey. Seine Mutter weckte in ihm seinen Hass auf Unrecht, seine Liebe zur Freiheit, seinen Stolz auf ehrliche, hart arbeitende Armut; und Massey sprach in seinen späteren Tagen voller Ehre und Trost oft mit Stolz von jenen Jahren, als seine Mutter ihren Kindern beibrachte, mit weniger als anderthalb Dollar pro Woche in ehrlicher Unabhängigkeit zu leben. Der ähnliche Fall von Präsident Garfield und seiner Mutter ist zu bekannt, als dass er mehr als einer Erwähnung bedarf.

Es kann kein Zweifel daran bestehen, dass die Mutter einen unbegrenzten Einfluss auf die Charakterbildung ihres Kindes hat. Die strenge, leidenschaftliche Frömmigkeit von Mrs. Wesley machte ihre Kinder zu Heiligen und Predigern; Der Ehrgeiz und die Tapferkeit von Madame Bonaparte formten ihren Sohn zu einem Soldaten, und die schöne Vereinigung dieser Eigenschaften trug dazu bei, den von allen Ländern geliebten Helden zu erschaffen: George Washington. Ich sage nicht, dass Mütter ihren Söhnen Genies verleihen können; Aber alle Mütter können für ihre Kinder tun, was Monica für Augustine getan hat, was Madame Bonaparte für Napoleon getan hat, was Mrs. Washington für ihren Sohn George getan hat, was Gerald Masseys Mutter für ihn getan hat, was Zehntausende gute Mütter auf der ganzen Welt sind An diesem Tag formen wir geduldig , Stunde für Stunde, Jahr für Jahr, diese kumulative Kraft, die wir Charakter nennen. Und wenn Mütter dieser Pflicht ehrlich nachkommen, egal ob ihre Söhne Privatpersonen oder Staatsmänner sind, werden sie „aufstehen und sie gesegnet nennen".

Hausarbeit für Frauen

FÜR jene Klasse von Frauen, die nicht schuften, nicht spinnen und die wie zufriedene Raben gefüttert werden, ohne zu wissen, wie und woher, ist es überflüssig, von häuslicher Arbeit zu sprechen; denn ihre Haushaltsführung besteht darin, „Befehle zu erteilen", und ihre Vermarktung wird durch Handwerkerwagen und gelbbraune Sparbücher repräsentiert. Dennoch bin ich weit davon entfernt, daraus zu schließen, dass sie ein Recht dazu haben, weil sie es sich finanziell leisten können, untätig zu sein. Sie schulden der Welt sicherlich eine kostenlose Gabe der Arbeit, sonst wäre es schwer zu verstehen, warum sie in diese Welt gekommen sind. Sicherlich nicht für Ornamente, da Parian-Marmor und bemalte Leinwand sowohl wirtschaftlicher als auch zufriedenstellender wären; nicht für Hausfrauen, denn ihre Häuser sind in den Händen von Dienern; nicht für Mütter, denn sie beschweren sich allgemein über die Ankunft und Verantwortung von Kindern.

Aber für die große Mehrheit der Frauen sollte der Hausdienst eine hohe moralische Frage sein, insbesondere für diejenigen, die Ehefrauen von Männern sind, die mit begrenzten Einkommen versuchen, die Realität und den Anschein eines wohlhabenden Zuhauses aufrechtzuerhalten; vielleicht umso notwendiger, weil der Schein die Bedingung ist, unter der die Wirklichkeit möglich ist.

Allzu oft führt die falsche Vorstellung, dass Nützlichkeit und Eleganz unvereinbar seien, dass es „undamenhaft" sei, in ihrer Küche zu sein oder mit dem Bäcker und Metzger in Kontakt zu kommen, dazu, dass sie die höchsten Ehren der Ehefrau aufgeben. Oder vielleicht haben sie das Unglück, die Kinder jener zärtlichen Eltern zu sein, denen es ohne Verlust ihres Ansehens erlaubt ist, ihre Töchter in ihrer Jugend für den Salonschmuck zu erziehen, und die dennoch nichts tun, um sie vor einem mittleren Zeitalter voller Kampf und Entbehrungen zu *schützen* . und ein langes Zeitalter des Elends.

sich nur einmal einer Verantwortung bewusst werden müssen, um sich bedrückt zu fühlen und belastet, bis sie es annehmen und erfüllen.

Ist es also gerecht, freundlich oder ehrenhaft, dass der Ehemann Tag für Tag an das Rad einer eintönigen Beschäftigung gebunden ist und die Ehefrau die Ergebnisse in Leichtfertigkeit verschwendet oder zulässt, dass sie in verschwenderischer und verschwenderischer Arbeit verschwendet werden? noch unbefriedigendes Housekeeping? Angenommen, die großartige Zuneigung des Mannes macht ihn bereit, sein Leben in Dollar zu münzen, damit die Frau nach ihrem Ideal leben, sich kleiden und besuchen kann, sollte sie ein Opfer annehmen, das so stark nach Menschenopfer riecht ?

Selbst wenn es notwendig ist, einen bestimmten Stil beizubehalten, liegt es dennoch in der Macht der Frau, den Dienst des Mannes zu diesem Zweck angemessen zu gestalten. Durch die persönliche Überwachung der Vermarktung werden zwanzig Prozent eingespart, und ich kann leider nicht sagen, wie viel durch die gleiche Maßnahme tatsächlich an Abfall in der Küche eingespart werden könnte; und das ist erst der Anfang.

Doch das Sparen ist nur ein Punkt im rechtmäßigen häuslichen Dienst der Frau ; Wenn ihr Mann ein dauerhaft erfolgreicher Mann sein soll, muss sie sich um seine Verdauung kümmern. Es mag dem Denken, dem Unternehmungsgeist und der Tugend abwertend erscheinen, zu behaupten, dass Essen etwas damit zu tun hat. Ich kann den Zustand nicht ändern; Ich weiß nur, dass es existiert und dass sie nur eine arme Frau ist, die diese Tatsache ignoriert.

Die Zeiten, in denen die Menschen genauso fest an ihrem „Gebratenen und Gekochten" festhielten wie an ihrem Glaubensbekenntnis, verschwinden zwangsläufig. Das leidenschaftliche Leben, das wir alle führen, erfordert Nahrung, die mit der geringstmöglichen Beeinträchtigung oder Belastung der Lebenskräfte aufgenommen werden kann. „Gedanken, die brennen" sind keine poetische Einbildung; Die Planung, die Berechnung, die ein Geschäftsmann im Laufe des Tages durchführt, verbrennt buchstäblich den Stoff des bewussten Lebens. Es ist die Pflicht der Frau, das Feuer des Intellekts und der Energie mit Brennstoff wieder aufzufüllen, den die geschwächte Vitalität am leichtesten in die Elemente umwandeln kann, die zur Reparatur des Abfalls notwendig sind.

Die Vorstellung, dass es für kultivierte Köpfe und weiße Hände abwertend sei, das Suppenglas und die Schmorpfanne zu untersuchen, ist sehr falsch. Die zierlichste Dame, die ich je gekannt habe, die Frau eines Kaufmanns, der einer unserer Prinzen ist, kümmert sich jeden Tag persönlich um die Zubereitung des Abendessens ihres Mannes und dessen kunstvolle und appetitliche Anordnung auf dem Tisch. Ich habe nicht den geringsten Zweifel daran, dass die nahrhaften Suppen, das sorgfältig zubereitete Fleisch und die köstlichen Desserts das Geheimnis vieler klarsichtiger Geschäftstransaktionen sind, Haushaltsinvestitionen, die die weithin berühmten kommerziellen Transaktionen ermöglichen. Diese mysteriöse Beziehung zwischen dem, was wir *essen* , und dem, was wir *tun*, wurde von Dr. Johnson nur vage wahrgenommen, als er sagte: „Ein Mann, der sich nicht um sein Abendessen kümmert, würde sich um nichts anderes kümmern."

Künstlerisches Kochen abwertend! Nun, es ist eine Wissenschaft, eine Kunst, die ebenso sicher einem hohen Zivilisationsstand folgt wie die schönen Künste. Keinem Menschen mit guten Gefühlen kann es gleichgültig sein, was er isst, genauso wenig wie seine Kleidung oder die Umgebung, in der er sich zu Hause befindet. Ein Mann kann durch die Umstände gezwungen sein, halbgegartes, blutiges Rindfleisch und gekochte Teigtaschen zu schlucken, und doch kann es für ihn genauso abstoßend sein, als würde er ein scharlachrotes Halstuch, eine Uhrkette aus Messing und einen Baumwollsamt tragen Mantel. Doch seine Frau mag unwissend oder gleichgültig sein; Er ist zu sehr mit anderen Dingen beschäftigt, um „einen Aufruhr darüber zu machen", also schließt er die Augen, öffnet den Mund und nimmt, was sein Koch ihm schickt. Ich mag es nicht, gemeinnützig zu sein, aber irgendwie komme ich nicht umhin zu denken, dass eine Frau, die so etwas zulässt, ihres Eherings unwürdig ist.

Lassen Sie sie einen Band von FW Johnstons „Domestic Chemistry" in die Hand nehmen und in ihre Küche gehen. Sie wird sich in einem viel höheren Bereich der Romantik befinden, als Miss Braddon sie hineinbringen kann. Sie wird lernen, dass es ihre Aufgabe ist, ihren Mann körperlich und geistig zu erneuern, indem sie dem inneren, unsichtbaren Körper geschickt die richtige Art von Nährstoffen zuführt. Die Wunder der Wissenschaft werden dann für sie die Wunder der Romantik ersetzen. Das heilige Feuer des Lebens zu nähren, wird zu einem edlen Amt werden; Sie wird es stattdessen als ehrenhaft erachten, eine feine Suppe oder eine delikate Charlotte Russe zu kochen, eine Beethoven-Sonate zu spielen oder einen deutschen Klassiker zu lesen.

Ich glaube wirklich, dass es für eine Haushälterin mit all ihren Sinnen fast eine Sünde ist, die Gesetze der Chemie, die sich auf Lebensmittel auswirken, nicht zu kennen. Dennoch ist das Thema so umfangreich und kompliziert, dass ich seine Bedeutung nur andeuten kann; aber ich bin mir sicher, dass liebevolle und intelligente Frauen, die diesen Gedanken jetzt vielleicht zum ersten Mal annehmen, meinen Hinweisen zu all ihren mannigfaltigen Schlussfolgerungen folgen werden. Eine dieser Schlussfolgerungen ist so wichtig, dass ich nicht umhin kann, ihr besondere Aufmerksamkeit zu widmen : die moralische Wirkung richtiger Ernährung.

Zweifle nicht daran, dass die hohen Dinge im Laufe des Lebens von den niedrigen abhängen; und in dieser Angelegenheit muss es jeder beobachtenden Frau klar sein, dass Essen oft der *Nerv* unserer höchsten sozialen Gefühle ist. Es gibt eine akute häusliche Störung, die Dr. Marshall Hall „die Temperamentskrankheit" nannte. Muss ich die Ehefrauen auf die wunderbare Sympathie zwischen dieser Krankheit und dem Esstisch hinweisen? Wissen sie nicht, dass ein ärgerliches, verspätetes und schlecht zubereitetes Frühstück die Macht hat, einem sensibel organisierten Mann die ganze Energie zu rauben und seinen ganzen Tag zu einem unangenehmen Fehlschlag zu machen?

Im Gegenteil, ein fröhlicher Raum, ein schneebedecktes Tuch, Kaffee „mit dem Aroma darin", Brot, dessen bernsteinfarbene Kruste und helle, weiße Krume ein Bild sind, kurz gesagt, eine gut ausgestattete, ruhige, gemütliche erste Mahlzeit hat einiges in sich subtiler Einfluss von Kraft und Inspiration für die Arbeit. Ich habe gesehen, wie Männer *freudig* von solchen Tischen aufstanden – voller Dankbarkeit und Hoffnung, die, wie ich wohl glauben kann, nur in der stillen Erhebung des Herzens zu Gott zum Ausdruck kamen, die schließlich unser reinstes Gebet ist.

Wenn er dann abends müde, schwach und hungrig zurückkommt, wird ihn eine schöne Sonate oder ein exquisites Gemälde nicht viel trösten. Ich bezweifle sogar, ob ein Gottesdienst sein Abendessen gewinnbringend ersetzen könnte; denn wir *wissen* , wenn wir es anerkennen, dass die aufdringlichen Forderungen des Fleisches die leise Stimme der Hingabe zum Schweigen bringen. Aber wie anders fühlen wir uns nach dem Essen; Dann sind wir zu etwas Höherem geneigt, der Geist wird zu gnädigen Gedanken erhoben, das Gehirn gibt vernünftige Ratschläge, das Herz reagiert großzügig. Und ich spreche mit aller Ehrfurcht, wenn ich sage, dass viele unserer dunkelsten Stunden in spirituellen Dingen nicht einem zornigen Gott oder einem verborgenen Erlöser zuzuschreiben sind , sondern der körperlichen Fülle oder der Ohnmacht. Aber wenn diese wunderbar gestalteten Körper der „Tempel des Heiligen Geistes" sind, wie können wir dann den Trost Gottes in einem unordentlichen oder schlecht gepflegten Heiligtum erwarten?

So liegt es in der Macht der Hausfrau, die Arbeit in der Küche in ein Opfer der Freude zu verwandeln und die Dienste am Tisch zu einem Mittel der Gnade zu machen. Sicher ist, dass sie darüber entscheiden wird, ob ihr Mann kommerziell erfolgreich sein soll oder nicht; Denn wenn ein Mann reich sein will, muss er die Erlaubnis seiner Frau einholen. Und wenn er körperlich gesund, geistig klar und moralisch freundlich sein will, muss sie dafür sorgen, dass sein Zuhause die richtigen Nahrungsmittel und Anreize bietet , von denen diese Bedingungen abhängen. Sie wird auch nicht viel falsch machen, wenn sie Sydney Smiths angenehme hyperbolische Maxime „Suppe und Fisch erklären die Hälfte aller Gefühle des Lebens" als allgemeine Regel annimmt oder sie in engem Zusammenhang mit ihnen allen steht .

Wir gehen davon aus, dass die Hausfrau auch die Hausmutter ist und dass sie sich nicht damit zufrieden gibt, apathisch zu bemerken, dass „ihre Kinder außerhalb ihrer Kontrolle liegen" und sie deshalb in Krankenschwestern und Internate schickt; sondern dass sie wirklich danach strebt, jede Tugend zu fördern, jede latente Kraft zu entfalten und sowohl Jungen als auch Mädchen der großen Zukunft würdig zu machen, deren Erben sie sind. Wer soll jetzt sagen, dass der häusliche Bereich der Frau eng ist oder ihrer höchsten Kräfte nicht würdig ist? Denn wenn sie alle ihre Verantwortungen ehrlich und feierlich übernimmt, nimmt sie eine Position ein, die nur gute Frauen oder Engel einnehmen könnten.

Auch ihre Pflichten im Haushalt müssen sie nicht von allen Diensten außer denen ihres eigenen Haushalts ausschließen. Gerade bei diesen Aufgaben könnte sie einen Weg finden, ihren ärmeren Schwestern weitaus effizienter zu helfen, als viele mit anspruchsvolleren Versprechen. Wenn sie eine wissenschaftliche, künstlerische Köchin geworden ist, soll sie einem unwissenden, aber klugen und ehrgeizigen Mädchen gestatten, täglich ein paar Stunden an ihrer Seite zu verbringen und durch Lehren und Beispiele die höchsten Regeln und Methoden der Kochkunst zu erlernen. Auf diese Weise ausgebildete Mädchen wären ein echter Segen für diejenigen, die sie anstellten, und würden selbst mit einem echten, soliden Gewinn ins Leben starten und gleichzeitig in der Lage sein, respektable Dienste und hohe Löhne zu erhalten.

Ich bin mir vollkommen darüber im Klaren, dass eine so praktische Philanthropin viele ungnädige Reaktionen einstecken würde und nicht wenige unterstellende Behauptungen, ihre Wohltätigkeit sei ein heimtückischer Versuch gewesen, Arbeit „umsonst" zu bekommen. Aber eine gute Frau würde sich davon nicht abschrecken lassen; Sie hat nur wenig Erfahrung im Leben und hat nicht gelernt, dass es oft unsere besten und selbstlosesten Taten sind, die verdächtigt werden, einfach weil ihre Selbstlosigkeit sie unverständlich macht; und wenn wir das, was wir nicht verstehen können, nicht respektieren, vermuten wir es.

Es mag wie eine Kleinigkeit erscheinen, die man um der Nächstenliebe willen tut, aber wer soll die Ergebnisse messen? Angenommen, im Laufe eines Jahres erwerben vier junge Mädchen praktische Kenntnisse in der Kochkunst. Wie weit wird der Einfluss dieser vier letztendlich reichen? Der größte Teil all unserer guten Taten ist vor uns verborgen – und das mit Bedacht, sonst würden wir allzu sehr erhöht werden. Wir haben nichts mit Gesamtergebnissen zu tun, und ich glaube , dass die Frau, die intelligent für ihren Haushalt sorgt, ihn fröhlich und erholsam macht und Herz und Raum findet, einer anderen Frau zu einem höheren Leben zu verhelfen, die edelste aller „Missionen" hat. " die großartigste aller „Sphären" und ist unter Frauen am gesegnetsten.

Wer zu den häuslichen Pflichten noch mütterliche Pflichten hinzufügt, bekleidet auch das höchste nationale Amt, denn in ihren Händen liegen zwar nicht die Gesetze der Republik, sondern das Schicksal der Republik; Denn die Kinder von *heute* sind die Gesellschaft von *morgen* , und ihre handelnden Männer werden nichts anderes sein als unbewusste Instrumente der geduldigen Liebe und des betenden Gedankens der Mütter, die sie unterrichtet haben. Und doch mögen die Frauen, die von diesem Amt entbunden sind, für ihre Nachsicht dankbar sein. Ach! Wie viele kraftlose Schultern haben schwere Lasten gefordert.

Professionelle Arbeit für Frauen

"ARBEIT! ALLE ARBEIT IST EDEL UND HEILIG!"

DASS der Mann sorgen und die Frau spenden soll, sind die Grundvoraussetzungen für den häuslichen Dienst; Bedingungen, die meiner Meinung nach äußerst günstig für die Entwicklung der höchsten Art von Weiblichkeit sind. Aber gleichzeitig sind sie weit davon entfernt, alle Frauen zu umfassen, die zu einer hohen Entwicklung fähig sind, und sie sind vielleicht auch nicht für jede Charakterphase dieses vielseitigen Wesens – der Frau – geeignet .

Denn so wie ein Baum durch schützende Pflege seine vollkommenste Schönheit erreicht und ein anderer durch selbständiges Bemühen die tiefsten Wurzeln schlägt und die grünsten Zweige emporhebt, so erreichen auch einige Frauen ihre höchste Entwicklung durch häusliche Pflichten, während andere ihr Leben am aufrichtigsten halten durch öffentlichen Dienst und durchgesetzte Verantwortlichkeiten.

Es hat jedoch fast 6.000 Jahre gedauert, bis die Welt zu der Einsicht gelangte, dass diesen letzteren Seelen ihre eigentliche Arena nicht verwehrt werden darf, dass Gehirne kein Geschlecht haben und dass es gut für die Welt ist, ihre Arbeit unabhängig von irgendetwas zu erledigen sondern die *Leistungsfähigkeit* der Arbeiter. Aber sie hat bisher die Doktrin akzeptiert, dass Frauen, die arbeiten müssen, wenn sie ehrlich und unabhängig leben wollen, dies nicht länger unter Duldung oder Misstrauen tun müssen. Wo immer sie ihren Weg am besten finden können, ist der Weg offen, und sie werden ermutigt, ihn zu gehen; Ich bin mir auch keiner ernsthaften Einschränkung bewusst, die ihnen auferlegt wurde, außer einer, deren wahre Freundlichkeit in ihrer scheinbaren Strenge liegt, nämlich dass die Debütantin ihre Arbeit durch ihren Erfolg rechtfertigen muss. Ich nenne dies Art, weil Gunst und Duldung hier unfreundlich sind; denn wer aus einem anderen Grund als der absoluten Fitness steht, wird früher oder später einem unvermeidlichen Gesetz zum Opfer fallen.

Der große Fluch der Frauen, die gebildet und dennoch ohne Versorgung sind, besteht nicht darin, dass sie arbeiten müssen, sondern darin, dass sie, wenn sie arbeiten müssen, keine Arbeit finden können. Im Allgemeinen ist es auch nicht ihre Schuld; Sie wurden wahrscheinlich in der alten Vorstellung, dass die Ehe die einzige gesellschaftliche Erlösung sei, durch die eine Frau gerettet werden könne, fehlgeleitet; Und da niemand sie geheiratet hat, was sollen diese gesellschaftlichen Pflichtsünder tun?

Viele greifen *instinktiv* auf die Literatur zurück, um Hilfe und Trost zu finden. und ihr Instinkt ist in vielerlei Hinsicht nicht schuld; denn die Literatur ist einer der wenigen Berufe, die von Anfang an freundlich und ehrenhaft mit Frauen umgegangen sind. Hier ist das Rennen fair; ist die weibliche Feder am flüchtigsten, gewinnt sie.

Aber das Schreiben liegt *nicht* in der Natur; Es ist eine Kunst, die ernsthaft und gewissenhaft ausgeübt werden muss. Meine eigenen Überlegungen und Erfahrungen lassen mich glauben, dass sich ihre Methoden in den letzten dreißig Jahren radikal verändert haben. Dieser Zustand der Inspiration und geistigen Erregung, der einst als die angeborene Aura des Genies galt, hat viel von seiner Bedeutung verloren; und die Menschen schreiben heute normalerweise durch die Ausübung ihrer Vernunft und Reflexion und durch die kontinuierliche und treue Kultivierung der natürlichen Kräfte, mit denen sie ausgestattet sind. Im Großen und Ganzen ist es ein Zeichen rationalen Fortschritts und öffnet das Feld für jede Frau, die nachdenklich und kultiviert und bereit ist, fleißig zu studieren. Ohne die Stimmung der Inspiration zu unterschätzen, bin ich dennoch ehrlich davon überzeugt, dass Vernunft und Studium die wirksamsten Hilfsmittel sind, um in der Praxis Brot zu verdienen, und dass die Stunden, die man der persönlichen Kultur durch den Erwerb von Informationen widmet, nur so viel „Handelskapital" erworben haben.

Auch die Motive des Schreibens haben sich entweder mit der Methode verändert, oder aber die Schriftsteller sind ehrlicher geworden, weil sie vernünftiger geworden sind. Ich kann mich daran erinnern, wie sich jeder Autor einbildete, er sei von irgendeinem weltfremden Gedanken beeinflusst, etwa von dem Wunsch, Gutes zu tun oder zu belehren, oder zumindest, weil er etwas zu sagen hatte, das ihn zum Schreiben zwang. Aber die Leute verkaufen jetzt ihr Wissen wie jede andere Ware; Die besten und großartigsten Männer schreiben nur für Geld, und keine Frau braucht Gewissensskrupel zu hegen, weil ihre eigenen drängenden Sorgen manchmal ihr volles Verantwortungsgefühl auslöschen. Gott arbeitet nicht allein mit vorbildlichen Männern und Frauen. Er nimmt uns so, wie wir sind; und ich *weiß* dass der verirrte Pfeil, der vom Bogen abgeschossen wurde, wenn die Hand müde war und der Geist innehielt, oft näher traf als diejenigen, die mit peinlicher Genauigkeit gesetzt und mit sorgfältigem Ziel schnell geschossen wurden.

Neben dem Schreiben gibt es noch andere literarische Berufe, die speziell für Frauen geeignet sind, etwa Indexiererinnen, Buchhalterinnen und Korrektorinnen. Die ersten erfordern einen klaren Kopf und viel Geduld, aber die Vergütung ist sehr gut. Eine Amanuensis muss eine flinke Hand, eine angemessene Ausbildung und einen so schnellen, mitfühlenden Geist haben, der es ihr ermöglicht, sich leicht an die Stimmungen des Autors anzupassen und in gewissem Maße seinem Gedankengang zu folgen. Das Korrekturlesen setzt eine allgemein hohe Bildung, ausreichende Kenntnisse des Französischen, Lateinischen usw. zum Lesen und Korrigieren von Zitaten sowie eine gründliche Vertrautheit mit allgemeiner Literatur sowie Grammatik, Orthographie und Zeichensetzung voraus. Aber obwohl es sich um eine verantwortungsvolle Position handelt, können Frauen diese aufgrund ihrer körperlichen und geistigen Eignung besser ausfüllen als Männer. Sie haben die Fähigkeit, Fehler sofort zu erkennen, oft ohne zu wissen, warum oder wie, und sind sowohl geduldiger als auch kompetenter. Die Herausgeber der *Christenunion unterstützen mich in dieser Meinung praktisch, und die* sorgfältig korrekte Art des Aufsatzes zeugt von höchster Qualität. Da die Bedingungen für diese drei Beschäftigungen gegeben sind, sind die bloßen technischen Einzelheiten jedes einzelnen von der einfachsten Art und sehr leicht zu erlernen.

„Ein faires Feld und keine Gunst" wurde auch Frauen in allen Bereichen der Musik und Kunst frei gewährt. Aber in ihren höchsten Zweigen ist die öffentliche Meinung unaufhaltsam zur Mittelmäßigkeit; und der Erfolg hängt absolut von großen natürlichen Fähigkeiten ab, die gründlich und hochkultiviert sind. Aber es gibt viele minderwertige Branchen, in denen Frauen mit durchschnittlichen Fähigkeiten und entsprechender Bildung einen ehrenhaften und einträglichen Lebensunterhalt verdienen können. Dazu gehören zum Beispiel das Gravieren auf Holz und Stahl, das Ziselieren von Gold und Silber, das Schneiden von Edelsteinen und Kameen sowie das Entwerfen für all diese Zwecke.

Nicht wenige Frauen (und auch Männer) verdienen ihren Lebensunterhalt gut mit dem Entwerfen von Kostümen für die großen Trockenwarenhäuser und die modischen Modemacher; Aber der gute Designer ist ein Schöpfer, und diese Fähigkeit war bisher immer auf eine kleine Anzahl von Männern und Frauen beschränkt . Die Fähigkeit zu zeichnen ist kein Beweis dafür; Das ist nur das Werkzeug, das Design ist der Gedanke. Daher können Designschulen zwar natürliche Designer mit Werkzeugen ausstatten, aber keine Designer hervorbringen. Wenn also das Entwerfen das Ziel einer Frau ist, darf sie sich nicht selbst täuschen; denn wenn die „göttliche Fähigkeit" nicht vorhanden ist, kann sie jahrelang dem Studium widmen und niemals über die bloße Kopistin hinauswachsen.

Es wird üblicherweise eingeräumt, dass das Altertum und der allgemeine „Gebrauch und Brauch" eine Art Anspruch auf ein Amt verleihen. Wenn ja, dann haben Frauen ein ererbtes Recht, fast so weit wie die Welt und zeitgleich mit der Geschichte, Medizin zu praktizieren . Jeder erkennt sie als die natürlichen Ärzte des Hauses an, und bei all unseren alltäglichen Beschwerden wenden wir uns an eine weise Frau unserer Familie, um Rat oder Hilfe zu erhalten. Wie Miss Cobbe sagt:

„ Wer träumt jemals davon, seinen Großvater oder seinen Onkel, seinen Lakaien oder seinen Butler zu fragen, was er gegen seine Erkältung tun soll, oder so freundlich zu sein, seinen aufgeschnittenen Finger zu verbinden?" Dennoch betrachten Frauen solche Wünsche als völlig natürlich und sind nur sehr selten nicht in der Lage, ihnen nachzukommen.

Der Frauenberuf Medizin hat sich fast durchgesetzt; und da es sich um eine Wissenschaft handelt, die weitgehend auf der Einsicht in individuelle Besonderheiten beruht, scheint sie speziell ihre Aufgabe zu sein. Ein berühmter Arzt sagt: „Es gibt keine Krankheiten, es gibt kranke Menschen." und die Bemerkung erklärt, warum Frauen – die instinktiv mentale Charaktere erkennen – bewundernswerte Ärztinnen sein sollten.

Tatsächlich haben sich Ärztinnen bereits eine Stellung erarbeitet, die es ihnen erlaubt, von ihren männlichen Gegnern die „Begründung darzulegen", warum sie nicht an allen Ehren und Bezügen der Fakultät teilhaben dürfen. Dass der Beruf als Beschäftigungsmöglichkeit für Frauen an Beliebtheit gewinnt, geht aus der hohen Zahl an Studierenden an den kostenlosen medizinischen Hochschulen für Frauen in dieser Stadt hervor, und es gibt auch keine Fakten, die darauf hindeuten, dass ihre Ausübung weniger sicher ist als die von Männern; und wenn Unfälle passiert sind, waren sie zweifellos das Ergebnis von Unwissenheit und nicht von Sex.

Theodore Parker befürwortete sogar den Anwaltsberuf für Frauen und gab seiner Meinung nach an, dass „er ein eher ungewöhnlicher Anwalt sein muss, der glaubt, dass kein weiblicher Kopf mit ihm konkurrieren könnte ." Die meisten Anwälte sind eher Mechaniker als Rechtsanwälte oder Rechtsgelehrte; Und im mechanischen Teil konnten Frauen genauso gut abschneiden wie Männer, konnten genauso gut vermitteln, konnten Präzedenzfälle genauso sorgfältig befolgen und Formen genauso gut kopieren. „Ich denke", fügt er hinzu, „ihre Anwesenheit würde die Manieren des Gerichts auf der Richterbank verbessern, nicht weniger als die der Anwaltskammer."

Aber obwohl es bei richtiger Vorbereitung keinen Grund zu geben scheint, warum Frauen nicht Testamente, Urkunden, Hypotheken, Vertragsverträge usw. verfassen könnten, bezweifle ich doch sehr, dass sie über die natürliche Kontrolle und die besonderen Fähigkeiten verfügen, die für einen Rechtsberater erforderlich sind. Aber niemand wird die Lehrfähigkeit einer Frau leugnen, auch wenn so viele ins Büro gegangen sind, die dort keine Berechtigung haben; Denn bloßes Können reicht nicht aus. Lehrer sind wie Künstler geborene Lehrer, und die Fähigkeit, Wissen zu vermitteln, ist ein Geschenk der Natur.

Wer also das Amt ohne Berufung, nur um seinen Lebensunterhalt zu verdienen, annimmt, erniedrigt sowohl sich selbst als auch das Amt. Den mit Widerwillen übernommenen Aufgaben fehlt der Geist, der Licht und Interesse verleiht; Die Kinder leiden intelligent , der Lehrer moralisch. Aber wenn eine Frau Lehrerin wird und eine Berufung hat, die unverkennbar ist, ist sie doppelt gesegnet, und die Welt könnte ihren mitfühlenden Ton, den sie ihr gegenüber an den Tag legt, aufgeben oder sie bezahlen, wenn sie bereit ist, ihr Gerechtigkeit widerfahren zu lassen mehr und habe weniger Mitleid mit ihr.

Die Frage, ob eine Frau das Recht hat zu predigen, muss das Gewissen und nicht Glaubensbekenntnisse oder Meinungen klären. Es muss zugegeben werden, dass ihr natürlicher Einfluss größer ist und immer größer war als jeder delegierte Autorität. Sie wird als Priesterin über jede Seele geboren, die sie beeinflussen kann, und die Frage nach ihrem Recht zu predigen scheint nur die Frage nach ihrem Recht zu sein, ihren Einfluss auszudehnen. In diesem Sinne war sie immer eine Predigerin; Es ist ihr natürliches Amt, von dem sie nichts entbinden kann. Eine Frau muss jeden, mit dem sie in Kontakt kommt, zum Guten oder Bösen beeinflussen; vielleicht nicht durch direkte Anstrengung, sondern einfach weil sie es muss, es ist ihre Natur und ihr Genie.

Ob Frauen jemals die höchste Arbeit der Welt genauso gut leisten werden wie Männer, halte ich fairerweise noch für unentschlossen. Sie hatte keine Zeit, sich von Jahrhunderten der fehlenden und falschen Bildung zu erholen: Sie beginnt gerade erst zu begreifen, dass weder Schönheit noch Fingerspitzengefühl an die Stelle von Geschick treten können und dass sie sich darauf vorbereiten muss, um die Arbeit eines Mannes zu erledigen ein Mann bereitet sich vor; Aber selbst wenn die Zeit beweist, dass sie in kreativen Werken nicht die männliche Größe der Konzeption und die Kraft der Ausführung erreichen kann, kann sie auf ihre Art genauso hervorragend sein ; und es gibt und wird immer Menschen geben, die Mrs. Browning Milton und George Eliot Lord Bacon vorziehen.

Auf den ersten Blick erscheint die Behauptung einigermaßen plausibel, dass eine Frau aufgrund ihrer körperlichen Unterlegenheit stets ungeeignet sei, Männerarbeit zu verrichten. Aber jede körperliche Exzellenz ist eine Frage der Kultivierung; und es wäre sehr einfach zu beweisen, dass Frauen nicht von Natur aus körperlich schwächer sind als Männer. In allen wilden Nationen leisten sie die schwerste Arbeit, und Herr Livingstone gab zu, dass alle seine Vorstellungen über ihre körperliche Unterlegenheit völlig auf den Kopf gestellt worden waren.

In China erledigen sie die Arbeit von Männern, zusätzlich wird ihnen ein Säugling auf den Rücken gebunden. In Kalkutta und Bombay arbeiten sie als

Maurer, tragen Mörtel, und auf den Bergpässen gibt es Tausende von ihnen, die auf ihren Köpfen Körbe aus Stein und Erde die felsigen Höhen hinauftragen . Die Frauen in Deutschland und den Niederlanden schuften gleichberechtigt mit den Männern. Während des späten Krieges sah ich amerikanische Frauen in Texas, die den ganzen Tag im Sattel saßen, Vieh trieben oder die Arbeiten im Baumwollfeld oder auf dem Zuckerfeld beaufsichtigten. Nein, ich habe sie kennengelernt, wie sie mit ihren eigenen Händen pflügten, säten, ernteten und Holz aus der Zeder ernteten.

Die körperliche Kraft der Frau ist aus Mangel an Bewegung und Nutzung zurückgegangen; aber es wäre ebenso unfair, sie aus diesem Grund zu einer minderwertigen Stellung zu verurteilen, wie es für den Sklavenhalter wäre, die Notwendigkeit der Sklaverei aufgrund der Laster zu betonen, die die Sklaverei hervorgebracht hatte. Wenn Frauen jedoch wirklich erfolgreich sein wollen , müssen sie ihre frischesten Lebensjahre für die Berufsvorbereitung einsetzen. Wenn man es nur deshalb in Angriff nimmt, weil die Ehe gescheitert ist, oder wenn man es mit gespaltenem Geist verfolgt, werden sie immer zurückbleiben und unterlegen sein. Aber die Entschädigung ist das Opfer wert. Sobald sie einen Beruf erworben haben, haben sie Heimat, Glück und Unabhängigkeit in ihren Händen; die Zukunft ist soweit wie möglich gesichert, die Gelassenheit und Ruhe der Gewissheit stärkt den Geist und versüßt den Charakter, und vom Standpunkt eines sich selbst tragenden Zölibats nimmt die Ehe selbst ihre höchste Stellung ein; es ist nicht mehr das Ziel, sondern die Krone und Vollendung ihres Lebens; denn *sie braucht nicht* , also wird sie *nicht* aus etwas anderem als aus Liebe heiraten, und so wird ihre Ehefrau nichts von der Gnade und Herrlichkeit verlieren, die ihr von Rechts wegen zukommt.

Kleine Kinder

DIE Lehrer eines Volkes bedürfen einer weitaus größeren Weisheit als seine Priester. Letztere sind nur das Sprachrohr eines Orakels, das so klar ist, dass ein Wanderer, auch wenn er ein Narr ist, es verstehen kann. Erstere sind die Dolmetscher in der geheimnisvollen Verbindung von Unwissenheit und Wissen.

„Nur ein paar kleine Kinder", sagt der autarke und ineffiziente Lehrer. 25 Jahre Erfahrung mit kleinen Kindern haben mich gelehrt, dass sie in Bezug auf spirituelles und moralisches Wahrnehmungsvermögen und intuitive Charakterkenntnis den Engeln viel näher stehen als wir.

Bedenken Sie gut, was für ein Geheimnis sie sind! Wer hat jemals zwei Kinder gesehen, die sich geistig ähneln? Noch frischer aus den Händen des Schöpfers bewahren sie noch immer die unendliche Vielfalt, die eines der Kennzeichen seines grenzenlosen Schöpfungsreichtums ist. Leider in ein paar Jahren! sie werden die stereotypen Formen der Klasse annehmen , der sie angehören; aber für einen kleinen Zeitraum liegt der Himmel um sie herum, und sie wohnen unter uns – so viel von *dieser* Welt und so viel von *jener* .

Vor zwanzig Jahren dachte ich, ich würde kleine Kinder verstehen; *Heute* bin ich sicher, dass ich das nicht tue: denn jetzt weiß ich, dass jeder ein verborgenes Eigenleben hat, von dem er instinktiv weiß, dass es für die Welt eine Torheit ist, und das er daher niemals preisgibt. Wenn Sie sich nun demütigen können, wie ein kleines Kind werden können und in diesem inneren Leben willkommen geheißen werden können, möchte ich Ihnen sagen, dass Sie dem Himmelreich sehr nahe gekommen sind. Besser als die Schriften von Gelehrten, besser als das Leben der Heiligen wird eine solche Erfahrung für Sie sein; Behandeln Sie es daher mit Ehrfurcht und Zärtlichkeit. denn es ist ein Brief, der vom Finger Gottes an ein unschuldiges und argloses Herz geschrieben wurde.

Bedenken Sie auch, welch erhabenen Glauben diese Kleinen besitzen! Die Engel glauben; denn sie wissen und sehen; Männer glauben – auf der Grundlage „guter Sicherheit" und unbestreitbarer „Beweise"; Ein kleines Kind glaubt an Gott und liebt seinen Retter allein aufgrund Ihrer Darstellung. O kalte und zweifelnde Herzen! – bittet Wissenschaft und Philosophie, Höhe und Tiefe um Erklärung; erschrocken, aber nicht belehrt von der ewigen Stille der unendlichen Räume über dir! – Demütige dich, damit du erhöht wirst; Werdet Narren, damit ihr weise werdet! Der menschliche Intellekt ist ein blinder Führer, aber wenn Sie Gott durch das *Herz suchen* , dann „kann ein kleines Kind Sie führen."

deren empfindliche Fantasie richtig einzuschätzen ; denn sie sind die wahren Dichter.

„Nicht in völliger Vergesslichkeit,

Und nicht in völliger Dunkelheit,

Aber es kommen ziehende Wolken der Herrlichkeit."

Und ich glaube, dass Gott an sie dachte, als er die Blumen und Schmetterlinge machte. Ihre kleinen Stimmen sind die natürliche Tonart der Musik, ihre anmutige Haltung gibt die eigentliche Poesie der Bewegung lebhaft auf. Wie Michael Angelos gefangener Engel aus stummen Marmor flehte, so flehte die Göttlichkeit in ihnen in der Schönheit ihrer Formen, dem klaren Himmel ihrer Augen, der weißen Reinheit ihrer Seelen um Wissen und Erweiterung.

„Nur ein kleines Kind!" O Mutter! gerettet durch deine Geburt im Glauben und in der Heiligkeit; Vielleicht säugst du einen Engel! O Lehrer! Da du durch dein Amt ehrenvoll geworden bist, woher wüsstest du, dass deine Klasse eine wahre Schule der Propheten ist und dass Kinder, die „für den Aufstieg und den Fall vieler in Israel bestimmt sind", unter deiner Hand sind?

Wir sind es gewohnt, von der „Einfachheit" eines Kindes zu sprechen. *Ich weiß* , dass Geheimnisse den Unmündigen offenbart werden, verborgen vor den Männern, die voll Jahre alt sind und ganz oben auf dem Stab der weltlichen Weisheit stehen. Und ich erinnere mich an diesen Fall im alten Jerusalem. Er, der sprach, wie nie ein Mensch sprach, „nahm ein kleines Kind und stellte es in die Mitte" als Beispiel. Während sie also unserer Obhut gegeben sind, sind sie auch zu unserer Belehrung bestimmt. Wie sie sollen wir das Reich Gottes empfangen und ohne Vorbehalte oder Zweifel an die Erklärungen unseres Vaters glauben. Wie sie sollen wir uns für unser tägliches Brot auf den Vater im Himmel verlassen und uns um nichts scheren. Wie sie sollen auch wir keine Ressentiments hegen und uns, wenn wir wütend sind, leicht besänftigen lassen. Wie sie müssen wir frei sein von Ehrgeiz und Geiz, von Stolz und Verachtung. Diese Dinge sind für uns nicht natürlich, sonst hätte Jesus nicht gesagt: „Ihr müsst wie kleine Kinder *werden* ", und dass wir, wenn wir das nicht tun, *nicht in das Himmelreich eingehen werden* .

Und damit wir uns nicht irren, hat Gott diese Besuchsengel an unsere Kamine und an unsere Tische gesetzt; Er hat sie zu Knochen von unserem Gebein und zu Fleisch von unserem Fleisch gemacht; ja, er hat sie wie einen Stern in den Himmel gestellt , –

„Um uns zur Wohnstätte zu weisen

Wo die Ewigen sind ."

Geht an den Gelehrten, Mächtigen und Weisen vorbei, denn sie sind
Staub; aber lasst uns die „kleinen Kinder" verehren, denn sie sind Gottes
Boten für uns.

Über die Benennung von Kindern

ES gibt eine Art Physiognomie in den Namen von Männern und Frauen sowie in ihren Gesichtern; Unser Vorname ist in unseren Gedanken und in den Gedanken derer, die uns kennen, wir selbst, und nichts kann ihn von unserer Existenz trennen. Zweifellos gibt es auch Glück bei Namen und einen gewissen Erfolg bei der Befriedigung der öffentlichen Ohren. Die Auswahl glücklicher Namen, der *Bona Nomina* von Cicero, war in der Antike eine Angelegenheit mit solcher Sorgfalt, dass sie zu einem beliebten Axiom wurde: „Ein guter Name ist ein Glück." Aus einem guten Namen entsteht eine gute Vorfreude, eine Tatsache, die Romanautoren und Dramatiker ohne weiteres erkennen; Tatsächlich lässt Shakespeare Falstaff glauben, dass „der Kauf einer Ware mit guten Namen" alles sei, was nötig sei, um Glück zu bringen.

Stellen Sie sich zwei Personen vor, die ihr Leben als Rivalen in irgendeinem Beruf beginnen, und ohne Zweifel würde derjenige , der den ausdrucksvolleren Namen trägt, der Öffentlichkeit bekannter werden und daher im geschäftlichen Sinne wahrscheinlich erfolgreicher sein. Wir alle wissen, dass es Namen gibt, die uns sofort in Umlauf bringen und uns mit ihren Besitzern befreunden, auch wenn wir sie noch nie gesehen haben. Sie sind glückliche Menschen, deren Sponsoren ihre Namen an angenehmen und glücklichen Orten hinterlassen.

Es ist daher überraschend, dass in zivilisierten Nationen die Mehrheit, selbst gebildete Menschen, in dieser Angelegenheit so nachlässig sind. Nun wird Böses ebenso oft aus Mangel an Gedanken wie aus Mangel an Wissen hervorgerufen, und als Anregung zum Nachdenken bei Eltern werden die folgenden Vorschläge angeboten.

Es ist nicht gut, den ältesten Sohn nach dem Vater und die älteste Tochter nach der Mutter zu nennen. Der Zweck von Namen besteht darin, Verwechslungen zu verhindern, und dies wird nicht erreicht, wenn der Name des Kindes mit dem Namen der Eltern übereinstimmt . Auch der Zusatz „Junior" oder „Senior" beseitigt den Mangel nicht; außerdem provoziert der Brauch den respektlosen Zusatz „alt" zum Vater. Es besteht noch eine weitere, sehr subtile Gefahr darin, Kinder nach den Eltern zu rufen. Solche Kinder neigen sehr dazu, mit einer unangemessenen Voreingenommenheit betrachtet zu werden. Dies ist ein Gefühl, das vielleicht nie anerkannt wird, das aber dennoch seinen Weg in die Herzen der besten Männer und Frauen findet. Es ist einfacher, das Böse fernzuhalten, als es auszulöschen.

Wenn der Nachname gebräuchlich ist, sollte der Vorname eigenartig sein. Fast jedes Präfix ist mit „Smith" verzeihlich. John Smith hat keine

Individualität mehr, aber Godolphin Smith liest wirklich aristokratisch. James Brown ist niemand, aber Sequard Brown und Ignatius Brown werden aus der Menge herausgehoben. Manche Leute entkommen dieser Schwierigkeit, indem sie den Namen wiederholen, um Respekt zu erzwingen. Daher hat Jones Jones aus Jones's Hall eine moralische Prahlerei an den Tag gelegt, die es mit Sicherheit durchsetzen würde.

Es ist oft von großem Vorteil, einen sehr seltsamen Namen zu haben, an den man sich zunächst etwas schwer erinnern kann, der sich aber, wenn man ihn einmal gelernt hat, ins Gedächtnis einprägt. Da war zum Beispiel Jamsetjee Jeejeebhoy; Wir müssen einen Hürdenlauf darüber absolvieren, aber wenn man es einmal im Kopf hat, vergisst man es nie.

Denken Sie beim Vergeben von Namen daran, dass sich die Kinder im Erwachsenenalter möglicherweise in Situationen befinden, in denen sie häufig ihre Initialen unterschreiben müssen, und geben Sie keine Namen an, die in dieser Situation verächtliche Bemerkungen hervorrufen könnten. Zum Beispiel David Oliver Green – die Initialen ergeben „Hund“; Clara Ann Thompson – die Initialen bedeuten „Katze“. Es sollte auch kein Name angegeben werden, dessen Anfangsbuchstabe in Verbindung mit dem Nachnamen eine dumme Idee nahelegt, wie Mr. P. Cox oder Mrs. T. Potts.

Wenn das Kind ein Junge ist, kann es für ihn ebenso unangenehm sein, eine lange Namenskette zu haben. Angenommen, er wird im Erwachsenenalter Kaufmann oder Bankier und hat viel zu tun, dann wird es ihm nicht gefallen, zwei- oder dreihundert Mal am Tag „George Henry Talbot Robinson“ zu schreiben.

Es ist kein schlechter Plan, Mädchen nur einen Taufnamen zu geben, damit sie bei einer Heirat ihren Mädchennamen behalten können: als Elizabeth Barrett Browning, Harriet Beecher Stowe. Dies ist die Praxis in der Gesellschaft der Freunde und verdient eine allgemeinere Übernahme, denn wenn wir den Namen einer Dame sehen, sollten wir dann sofort wissen, ob sie verheiratet war, und wenn ja, wie ihr Familienname war . In Genf und vielen Provinzen Frankreichs wird der Mädchenname der Frau zum Nachnamen des Mannes hinzugefügt; Wenn also eine Marie Perrot Adolphe Lauve heiratete , schrieben sie nach der Heirat jeweils ihre Namen: Adolphe Perrot- Lauve und Marie Perrot- Lauve . Der Brauch dient dazu, den Junggesellen vom verheirateten Mann zu unterscheiden, und ist nachahmenswert; Denn wenn die Eitelkeit die Arme von Mann und Frau in demselben Wappen vereint, sollte dann nicht die Zuneigung ihre Namen vermischen?

Im Allgemeinen macht das moderne „ ie ", das an alle Namen angehängt wird, die es zulassen, sie sinnlos und fade. Wo liegt die Verbesserung bei der Umwandlung der weiblichen Schönheit von Mary in Mollie? Stellen Sie sich eine Königin Mollie oder Mollie, Königin von Schottland, vor! In einer solchen Transformation liegt so etwas wie ein Sakrileg. Nehmen Sie Margaret und verstümmeln Sie den perlenähnlichen Namen in Maggie, und seine Reinheit wie ein Heiligenschein verschwindet, und wir haben stattdessen eine sehr alltägliche Idee. Wenn wir Verkleinerungsformen benötigen, empfehlen wir den alten Stil. Polly, Kitty, Letty, Dolly waren Namen mit Sinn und Arbeit, die wir wie artikulierte Laute aussprechen.

einem hilflosen Säuglingsalter einen skurrilen oder weltfremden Namen aufzuerlegen; denn, wie treffend gesagt wird: „Wie viele hätten es in der Welt außerordentlich gut machen können, wenn ihr Charakter und ihr Geist nicht völlig durch *Nikodemus* in Nichts verfallen wären!"

Es ist sicherlich eine ernste Frage, ob unsere Rücksicht auf die tote Vergangenheit uns in Bezug auf christliche Namen die Augen für den zukünftigen Trost und Erfolg unserer Kinder verschließen sollte. Warum haben wir so viele George Washingtons? Der Name ist für jeden Jungen eine große Belastung. Er wird es immer spüren. Eine Unterlegenheit gegenüber seinem Namensvetter ist unvermeidlich. Außerdem erniedrigt sie diese promiskuitive Verwendung großer Namen; Es ist keine angenehme Sache, einen George Washington oder einen Benjamin Franklin wegen geringfügigen Diebstahls in den Polizeinachrichten zu sehen.

Die meisten alttestamentarischen Namen weisen einen mangelhaften Wohlklang auf und harmonieren kaum mit englischen Familiennamen. Die weiblichen Namen sind noch weniger musikalisch. Nichts kann uns mit Naomi Brett, Hephzibah Dickenson oder Dinah Winter versöhnen. Und um zu beweisen, dass die unangenehme Wirkung, die solche Kombinationen hervorrufen, nicht auf die gewählten Nachnamen zurückzuführen ist, ersetzen wir sie durch einwandfreie Bezeichnungen, und das Ergebnis wird noch schlimmer sein – Naomi Pelham, Hephzibah Howard, Dinah Neville! Ein hebräischer Vorname erfordert in den meisten Fällen einen hebräischen Nachnamen.

Einige Eltern lehnen es klugerweise ab, für ihre Kinder alle Namen zu nennen, die für den *Diebstahl geeignet* sind, und denken mit Dr. Dove: „Es ist nicht gut, Tom'd oder Bob'd , Jack'd oder Jim'd , Sam'd zu heißen oder Ben'd , Will'd oder Bill'd , Joe'd oder Jerry'd , während du durch die Welt gehst." Sobriquets sind ebenfalls abzulehnen. Wir kennen eine schöne Frau, die als Mädchen durch eine Fülle von wellenförmigem, lockigem Haar auffiel. Jemand gab ihr den Namen „ Friz ", und dieser bleibt noch immer der würdevollen Matrone haften. Der Witz oder der Möchtegern-Witz hat

Freude daran, sich auf diese Weise zu betätigen, aber der Name eines Kindes ist zu kostbar, um lächerlich gemacht zu werden.

Fantasievolle Namen sind weder immer hübsch noch klug. Eltern brauchen die Gabe der Prophezeiung, wenn sie ihre Kinder „Gnade", „Glaube", „Hoffnung", „Glück", „Liebe" usw. nennen. Es ist möglich, dass ihr Leben nach dem Tod solche Namen in bittere Ironie verwandelt.

Um einen reichen Freund zu versöhnen, geben Sie einem Kind niemals einen unangenehmen oder barbarischen Namen. Es wird ihm sein Leben lang ein Dorn im Auge sein, und schließlich wird er das Erbe vielleicht verpassen.

Auch ein Kind kann so viele unrhythmische Namen haben, dass es und seine Freunde ihr ganzes Leben lang darüber nachdenken müssen. Angenommen, ein Junge heißt Richard Edward Robert. Das Ohr nimmt in einem Augenblick ein Wirrwarr von Geräuschen wahr, aus denen es nichts erkennen kann. Wenn man sich für viele christliche Namen entscheidet, reiht man sie nach einem harmonischen Prinzip aneinander; Namen, die aus Konsonanten bestehen, können nicht ohne schlimme Folgen für den Besitzer ertragen werden.

Der Wohlklang unserer Nomenklatur würde durch eine sinnvolle Anpassung des Vornamens an den Nachnamen erheblich verbessert. Wenn der Nachname einsilbig ist, sollte der Vorname lang sein. Nichts kann das Ohr mit so knappen Namen wie Mark Fox, Luke Harte, Ann Scott versöhnen; Aber Gilbert Fox, Alexander Hart und Cecilia Scott sind alles andere als verabscheuungswürdig.

Es ist erstaunlich, dass unter den vielen hervorragenden christlichen Namen nur so wenige im allgemeinen Gebrauch sind. Die Wörterbücher enthalten Listen mit etwa zweihundertfünfzig männlichen und einhundertfünfzig weiblichen Namen, von denen jedoch nicht mehr als zwanzig bis dreißig für jedes Geschlecht überhaupt gebräuchlich genannt werden können.

Dennoch gibt es in unserer Sprache viele schöne Namen, sowohl männliche als auch weibliche, die einer Popularität würdig sind, die sie noch nicht erreicht haben. Unter den Männern zum Beispiel: Alban, Ambrose, Bernard, Clement, Christopher, Gilbert, Godfrey, Harold, Michael, Marmaduke, Oliver, Paul, Ralph, Rupert, Roger, Reginald, Roland, Sylvester, Theobald, Urban, Valentine, Vincent, Gabriel, Tristram, Norman, Percival, Nigel, Lionel, Nicholas, Eustace, Colin, Sebastian, Basil, Martin, Antony, Claude, Justus, Cyril usw. – alle mit den Attributen Wohlklang, gute Etymologie, und interessante Assoziationen.

Und warum haben wir unter den weiblichen Namen nicht mehr Mädchen mit den edlen oder anmutigen Bezeichnungen Agatha, Alethia, Arabella, Beatrice, Bertha, Cecilia, Evelyn, Ethel, Gertrude, Isabel, Leonora, Florence, Mildred, Millicent, Philippa, Pauline genannt? Hilda, Clarice, Amabel , Irene, Zoe, Muriel, Estelle, Eugenia, Euphemia, Christabel, Theresa, Marcia, Antonia, Claudia, Sibylla, Rosabel , Rosamond usw.?

Es gibt einige merkwürdige Aberglauben bezüglich der Namensgebung von Kindern, über die man als Klatsch und Tratsch lieber hinwegsehen sollte. Die Bauernschaft von Sussex glaubt , dass ein Kind, wenn es den Namen eines toten Bruders oder einer verstorbenen Schwester erhält, ebenfalls früh sterben wird. In einigen Teilen Irlands wird angenommen, dass die Angabe des Namens eines Elternteils für das Kind das Leben dieses Elternteils verkürzt. Im Allgemeinen gilt es als Glücksfall, wenn die Initialen des Vor- und Nachnamens gleich sind und die Initialen auch ein Wort buchstabieren. In den nordwestlichen Teilen Schottlands wird ein frischgebackener Säugling zwei- oder dreimal sanft über einer Flamme vibriert, mit den Worten: „Lass die Flammen dich jetzt oder nie verzehren." und diese Lustration durch Feuer ist heute auf den Hebriden und den westlichen Inseln üblich. Es gibt einen weitverbreiteten Aberglauben, dass ein Kind, das bei der Taufe nicht weint, nicht leben wird; auch jemand, der es für besonders unglücklich hält, wenn irgendetwas die Taufe genau zum ursprünglich festgesetzten Zeitpunkt verhindert. Wenn in vielen Teilen Schottlands Kinder unterschiedlichen Geschlechts am Taufbecken stehen, wird der Pfarrer, der versucht hat, das Mädchen vor dem Jungen zu taufen, unterbrochen. Es soll für das Kind besonders unglücklich sein, wenn ein linkshändiger Priester es tauft. In Cumberland und Westmoreland trägt ein Kind, das getauft werden soll, eine Scheibe Brot und Käse bei sich, und diese wird der ersten Person gegeben, die man trifft. Als Gegenleistung muss der Empfänger dem Baby drei verschiedene Dinge geben und ihm Gesundheit und Glück wünschen. Wir haben den letztgenannten Brauch sehr oft miterlebt, und einmal in einem Bauernhaus am Fuße des Saddleback Mountain sahen wir eine sehr einzigartige Methode, um zu entscheiden, wie das Kind heißen sollte. Sechs gleich lange Kerzen wurden benannt und alle gleichzeitig angezündet. Das Kind wurde nach der Kerze benannt, die am längsten brannte.

Wir haben diesen Aberglauben als merkwürdigen Beweis dafür erwähnt, dass unsere unwissenden Vorfahren die Namensgebung von Kindern für ein wichtiges Ereignis hielten; und es sollte uns leid tun, wenn sie dazu neigten, frühere Gedanken in irgendeiner Weise zu schwächen. Denn so nachlässig wir auch sein mögen, es bleibt eine Tatsache, die außer Zweifel steht, dass der Name einer Person der Klang ist, der die Vorstellung von ihr oder ihm suggeriert – es ist ein in Buchstaben gemaltes Porträt. Deshalb können wir nicht vorsichtig genug sein, um nichts zu verschenken, das eine Schande oder Peinlichkeit darstellt oder den Träger sogar zum Alltäglichen verurteilt.

Der Kindertisch

ES ist zu hoffen, dass die beste Art der Ernährung von Kindern, um die bestmögliche körperliche Entwicklung zu erreichen, schon bald die gleiche Aufmerksamkeit erhalten wird, die der Verbesserung von Pferden, Rindern und Schafen gewidmet wird. Denn sowohl Männer als auch Frauen haben begonnen zu erkennen, dass wir geistig und seelisch weitgehend auf die Mitarbeit eines gesunden Körpers angewiesen sind; Daher ist eine bestimmte Schule entstanden, die nicht unpassend als „Muskelchristentum" bezeichnet wird.

Das körperliche Wohlergehen eines Kindes ist die erste Überlegung, die der Mutter auferlegt wird. Lange bevor der Intellekt dämmert, lange bevor er das Gute vom Bösen unterscheiden kann, gibt es wichtige Arbeit zu erledigen. Für die erhabenen Gäste von Geist und Seele soll ein gesunder, reiner Wohnort geschaffen werden. Ach, wie wenig wurde darüber nachgedacht! Wie oft wurden große Geister von kränklichen, zwergenhaften Körpern eingeengt ! Wie oft waren aufstrebende Seelen durch irdische Fesseln lästigen Schmerzes gefesselt!

Wer soll Kinder von den unklugen Nachsichten, fantasievollen Theorien und ererbten Fehlern ihrer Eltern befreien? Dies ist nicht die Domäne der Religion; Eine Mutter kann sehr religiös sein und gleichzeitig grausam unwissend im Umgang mit dem Kind, das sie dennoch von ganzem Herzen liebt.

Als Männer und Frauen einfach und natürlich lebten, kümmerte sich die Natur weitgehend um sich selbst; Aber in unserem künstlichen Leben müssen wir die Hilfe der Wissenschaft in Anspruch nehmen , um den Weg zurück zur Natur zu finden. Und wenn die Wissenschaft uns lehren konnte, wie wir unsere Pferderasse verbessern und unsere Rinder und Schafe durch die einfache Auswahl der Nährstoffe auf einen Zustand körperlicher Perfektion bringen können, kann sie der suchenden Mutter auch Anweisungen für den Aufbau eines starken und gesunden Pferdes geben Körper, in dem die unsterbliche Seele verweilen und arbeiten kann. Denn so demütigend wir es auch finden mögen, wir können die Tatsache Gottes, dass die lebenswichtigen Prozesse bei Tieren und Menschen im Wesentlichen die gleichen sind, nicht anfechten.

Bei der Ernährung von Kindern sind die beiden großen Fehler Über- und Unterernährung; aber von den beiden Übeln ist das letzte das Schlimmste. Fülle ist weniger schädlich als Untätigkeit; und meiner Beobachtung nach ist Völlerei eher das Laster von Erwachsenen als von Kindern. Wenn sie übersteigen, kann die Ursache im Allgemeinen auf die Tatsache zurückgeführt werden, dass sie seit langem an dem Artikel leiden, an dem sie sich erfreuen. Wenn beispielsweise in seltenen Abständen Süßigkeiten und Konfekt in ihrer Reichweite sind, werden sie im Allgemeinen davon krank ein Überangebot davon; aber das ist nur die Nemesis, die immer auf unnatürliche Entbehrungen jeglicher Art folgt.

Nichts ist für ein Kind notwendiger als Zucker. Seine Liebe dazu besteht nicht so sehr darin, seinen Gaumen zu erfreuen, sondern darin, ein dringendes Verlangen nach seiner Notwendigkeit zu befriedigen. Zucker ist ein so wichtiger Stoff für die chemischen Veränderungen im Körper, dass viele andere Verbindungen zu Zucker reduziert werden müssen, bevor sie als wärmeerzeugende Bestandteile verfügbar sind. Tatsächlich ist die Leber eine Fabrik, die einen Großteil der Nahrung, die wir in anderen Formen zu uns nehmen, in Zucker umwandelt .

Man könnte sagen: „Wenn Zucker ein toller Wärmeerzeuger ist, gilt das auch für fettes Fleisch, das die meisten Kinder überhaupt nicht mögen." Die eine Tatsache beweist die andere. Fettes Fleisch und Zucker sind beide große Hitzeproduzenten, aber das Kind verlangt nach Zucker und mag Fett nicht, weil sein schwacher Organismus mit dem Zucker klarkommt, aber nicht mit dem Fett. Dass zarte Kinder bei fettem Fleisch krank werden und meist Heißhunger auf Süßes haben, muss jeder Mutter aufgefallen sein. Arme kleine Dinger! Sie wollen etwas, das das lebenswichtige Feuer schneller brennen lässt. Zucker im richtigen Verhältnis ist Kraftstoff, der mit Bedacht hinzugefügt wird; Fett ist der Treibstoff, den sie nicht aufnehmen können und deshalb ablehnen. Natürlich versteht keine Mutter, wenn ich sage, dass Kinder deshalb mit Zucker ernährt werden sollten; aber nur, dass sie in irgendeiner Form einen angemessenen und regelmäßigen Anteil davon haben sollten; In diesem Fall würden sie keine Versuchung mehr verspüren, gelegentliche Gelegenheiten zu übertreffen.

Ein weiterer vorherrschender Wunsch bei heranwachsenden Kindern ist Obst. Sie essen Früchte, ob reif oder unreif; ein saurer Apfel oder eine reife Erdbeere scheinen gleichermaßen akzeptabel. Es ist üblich, ihnen Sommerbeschwerden aller Art zuzuschreiben und ihre Verwendung bei Kindern sorgfältig einzuschränken. Tatsache ist, dass alle Früchte eine pflanzliche Säure enthalten, die ein starkes Stärkungsmittel ist und besonders gut für den Magen geeignet ist. Früchte sollten das ganze Jahr über zur Ernährung jedes Kindes gehören : frische Früchte im Sommer, Äpfel und Orangen im Winter. Sie müssen jedoch regelmäßig zu den Mahlzeiten verabreicht werden und nicht zwischen den Mahlzeiten. Sie erfüllen dann ihre stärkende Funktion im System und richten unter normalen Umständen niemals auch nur den geringsten Schaden an.

Wie oft haben wir Kinder in falscher Freundlichkeit gesehen, die sich größtenteils auf Brot und Milch, Pudding und Gemüse beschränkten; ja, ihnen wurde als Antwort auf ihre hungrigen Blicke gesagt, dass „Fleisch für kleine Jungen und Mädchen nicht gut sei." Überlegen Sie nun zunächst, warum Erwachsene Fleisch essen. Geht es nicht darum, den Verlust auszugleichen, den wir durch aktive Arbeit erleiden, die Erschöpfung durch geistige Anstrengungen, und uns die lebenswichtige Wärme wieder zuzuführen, von der jeden Tag ein großer Teil durch einfache Strahlung verloren geht? Auf diese Weise erschöpfen Kinder das Leben normalerweise schneller als Erwachsene. Sie rennen, wohin wir gehen, sie springen, sie hüpfen, sie bleiben selten stehen. Ihr Studium ist für sie eine ebenso große psychische Belastung wie unser Geschäft für uns. Ihr Körper ist dem Wärmeverlust durch Strahlung genauso stark ausgesetzt wie unserer – in manchen Fällen sogar noch mehr. Aber Kinder haben einen ganz wichtigen Anspruch an ihre Vitalität, den Erwachsene nicht haben: Sie müssen wachsen. Wer braucht also stärkeres und nahrhaftes Essen als Kinder? Sie sollten Fleisch haben, und zwar in Hülle und Fülle, so viel sie verlangen; und mit Fleisch, Brot und Gemüse, Milch, Süßigkeiten und Obst. Denn Abwechslung ist eine weitere wichtige Voraussetzung für eine gesunde Ernährung – keine einzige Art von Nahrung (wie gut sie auch sein mag) ist in der Lage, alle verschiedenen Elemente zu liefern, die der Körper für perfekte Gesundheit und gute Entwicklung benötigt.

Wenn Kinder einen dringenden Wunsch nach einer bestimmten Diät haben , wäre es gut, wenn die Eltern zögern und nachforschen, bevor sie dies ablehnen. Sie haben keine Möglichkeit, sich heimlich mit dem Magen des Kindes zu verständigen; aber die Natur fragt im Allgemeinen hartnäckig nach einer besonderen Notwendigkeit, und die Natur hat nie Unrecht. Es ist auch nicht sinnvoll, die Menge zu begrenzen, genauso wenig wie die Art der Nahrung, die den Kindern verabreicht wird. Ihre Bedürfnisse variieren je nach den Ursachen, die zu kompliziert sind, als dass ein Elternteil sie ständig im Auge behalten könnte . Der Zustand des Wetters, die Menge an Elektrizität oder Feuchtigkeit in der Atmosphäre, Lernen, Schlaf, Bewegung, der Zustand der Verdauung und sogar die geistige Verfassung des Kindes können den Zustand und die Anforderungen fast jeder Mahlzeit unterschiedlich beeinflussen. Keine Ernährungstheorie, die nicht all diese und viele weitere Bedingungen berücksichtigt, wäre zuverlässig. Was sollen wir dann tun? Haben Sie mehr Vertrauen in Ihre natürlichen Instinkte. Wenn Kinder im Verhältnis 1:1 „mehr" verlangen, fühlen sie sich ehrlicher, als wir zu diesem Thema begründen können.

Nach allgemeinen Grundsätzen kann davon ausgegangen werden, dass Kinder nach den Anweisungen der Natur fragen; Sie begehren, was sie braucht und so viel, wie sie braucht. Natürlich müssen alle Ratschläge allgemeiner Natur sein; Besondere Einschränkungen gelten für jede aufmerksame Mutter. Aber das große Prinzip besteht darin, sich daran zu erinnern, dass Energie nicht von der Menge der Nahrung abhängt, sondern von der Menge der nahrhaften Nahrung; Denn wenn ein Pfund einer Lebensmittelart genauso viel Nährstoffe liefert wie vier Pfund einer anderen, ist das sicherlich das Beste für Kinder (und auch Erwachsene), die ihre Verdauung am wenigsten belasten.

Wie die nächste Generation aussehen wird, hängt von der körperlichen, geistigen und moralischen Ausbildung der Kinder von heute ab. Diese Kinder sind die Zukunft der Gesellschaft. Sollen sie mickrig und dyspeptisch sein und sich im Leben wie bei einer Aufgabe mit Unruhe und Sorgen herumschlagen? Oder sollen sie fein entwickelte, gutmütige , kläräugige, lichtgeistige Medien für göttliche Bestrebungen und intellektuelle und materielle Arbeiten sein?

O Mütter! Verachten Sie nicht den bescheiden aussehenden Grundstein des Lebens – gute Gesundheit. Sie erleben den frühesten Aufbau des Körpers; Achten Sie darauf, dass Sie keine Elemente verschonen, die für seine Vollkommenheit notwendig sind. Seien Sie liberal; Zweifle eher an deinen eigenen Theorien als an der Natur. Vertrauen Sie dem Kind, wenn Sie ratlos sind, so wie ein verlorener Mann die Zügel um den Hals seines Pferdes wirft und sich auf etwas verlässt, das subtiler ist als die Vernunft – den Instinkt.

In welchem Licht auch immer das Thema Kindernahrung betrachtet wird, der große Grundsatz ist: Wir können keine Kraft aus dem Nichts gewinnen. Damit das Kind über Gesundheit, Energie und Intellekt verfügt , müssen die notwendigen körperlichen Voraussetzungen vorhanden sein. Diese sind nicht das Ergebnis eines Zufalls, sondern einer großzügigen Rücksichtnahme.

Intellektuelles „Pauken" von Jungen

EIN KLEINES Mädchen, das Grabinschriften studierte, war sehr verwirrt, als es wusste, „wo all die bösen Menschen begraben waren". Ein ebenso großes Rätsel für einen nachdenklichen Geist ist vielleicht die Frage: Was kommt aus all den vielversprechenden Jungen?

Wir werden erstens zugeben, dass ein großer Teil des „Versprechens" nur in der Parteilichkeit der Eltern liegt; dass sich eine helle, intensive Kindheit häufig so sehr von der mechanischen Routine des Erwachsenenlebens unterscheidet, dass der einfache Unterschied den Eltern als etwas Bemerkenswertes vorkommt, während es sich vielleicht nur um einen starken Fall des Kontrasts zwischen dem Natürlichen und dem Künstlichen handelt. Dies wird durch die Tatsache bewiesen, dass der Junge, wenn er fester Bestandteil der Alltagswelt wird, sich allmählich in deren Gewohnheiten einfügt, deren Ton annimmt und in keiner Weise versucht, sich über deren Niveau zu erheben.

Glücklicherweise vollzieht sich der Wandel jedoch so langsam, dass die Eltern kaum merken, wann oder wie sie ihre großen Hoffnungen verloren haben; Und wenn Jack oder Will sich eine ganze Menge Wissen angeeignet und sich zufrieden an seinem Schreibtisch und seinem hohen Hocker niedergelassen haben, sind auch sie sehr zufrieden und neigen dazu, zu vergessen, dass sie jemals davon geträumt hatten, dass der Junge auf der Bank sitzen könnte, oder , vielleicht mit Ehre den Präsidentenstuhl besetzen.

Solchen Jungen eine sehr respektable Minderheit zuzuerkennen und auch einen großen Spielraum für diese unglückliche Klasse zu gewähren

„Wise so jung, sagen sie, lebe nie lange"

Es gibt immer noch guten Grund für uns zu fragen: Was wird aus all den vielversprechenden Jungen?

Cram als den ersten und wichtigsten Betrüger in dieser Angelegenheit anzuklagen . Für die Bildung ist es das, was Verfälschung für den Handel bedeutet. Es ist noch viel schlimmer, denn hier wird nicht Geld gestohlen, sondern die besten und höchsten Hoffnungen der Eltern; es ist das ganze zukünftige Leben eines Jungen und sein Erfolg. Denn das System beruht auf einem Trugschluss, nämlich dass es für Jungen mit zwanzig Jahren möglich sei, alles zu wissen, vom Einmaleins bis zur Metaphysik, von griechischen Theaterstücken bis zu theologischen Dogmen.

Für den durchschnittlichen Jungen sind solche intellektuellen Leistungen einfach unmöglich; aber er ist mutig und fruchtbar, wenn es um die Lösung geht; Er ist weder geneigt, sich schlagen zu lassen, noch ist er in der Lage, seine Aufgabe wirklich zu übertreffen, also setzt er seinen Verstand sorgfältig ein und liefert bei der größtmöglichen Anzahl von Themen die größtmögliche Leistung ab.

Vielleicht ist nichts in unserem gegenwärtigen Bildungssystem so demoralisierend und ungerecht wie der Brauch öffentlicher Prüfungen. Bei ihnen spielen Interesse und Eitelkeit einander in die Hände; echter Erwerb und Grundsatz „Gehe an die Wand". Sowohl die Lehrer als auch die Jungen wissen, dass es sich dabei nie um echte Fortschrittskriterien handelt und dass sie selten auch nur ein faires Abbild des tatsächlichen Studienverlaufs darstellen. Wochen, Monate werden mit den Vorbereitungen für die betrügerische Zurschaustellung verbracht; selbst dann tut sich wahres Verdienst, das von Natur aus meist bescheiden ist, selbst Unrecht, und eitle Selbstgewissheit schneidet mit Bravour ab.

Der Cram-Lehrer streut Samen über eine große Menge geistiger Oberfläche, anstatt die vielversprechendsten Teile gründlich zu kultivieren; und er bringt den Eltern und der Öffentlichkeit die wenigen Ähren vor, die auf allen Hektar Ähren gesammelt wurden, als Proben von Ernten, von denen er weiß, dass sie nie geerntet werden. Doch seiner eigenen pedantischen Eitelkeit oder seinem Eigeninteresse opfert er die Blütezeit so manchen guten Jungen. Daher sind wir geneigt zu glauben, dass es wahrscheinlich zu einer viel geringeren Anhäufung nackter Tatsachen, dafür aber zu einer weitaus stärkeren Kultivierung natürlicher Fähigkeiten und einer weitaus gründlicheren Entwicklung entschiedener Fähigkeiten kommen würde, wenn sich die Eltern unerbittlich weigern würden, diese prätentiösen öffentlichen Zurschaustellungen zu genehmigen.

Mechanische Plackerei anstelle intelligenter Arbeit ist die unvermeidliche Methode, während die bevorzugte Methode darin besteht , einen Jungen zu stopfen, anstatt ihn zu erziehen. Keine geistigen Fähigkeiten außer dem Gedächtnis erfahren irgendeine Disziplin, und das Wissen verschwindet so schnell, wie es erworben wurde. Jegliche Vorliebe für mühsame Denkgewohnheiten geht verloren, und wenn ein Junge ursprünglich eine Vorliebe für das Lernen besaß, ist er bald angewidert von dem, was ihm seine einfache Natur als vorgetäuscht und unwirklich vorgibt, und wenn er das Wahre anhand eines falschen Maßstabs beurteilt, empfindet er einen ehrlichen Ekel dagegen intellektuelle Arbeit und erklärt alles für eine Täuschung.

Nur wenige Jungen schaffen es, geistig eine „Paukerei" zu absolvieren und unverletzt davonzukommen. Die meisten der besten Intellektuellen entwickeln sich langsam, und ihre Überlegenheit hängt in der Tat stark von der Ausdauer ab, die sie durch körperliche Stärke und klug durchdachte Bedingungen erhalten. Es gibt natürlich Ausnahmen, in denen eine ererbte geniale Kraft den Jungen von Anfang an prägt und sich allen Systemen widersetzt, um sie zu vernichten. Aber es ist der durchschnittliche Junge und nicht der außergewöhnliche Junge, der bei allen Erziehungsmethoden berücksichtigt werden muss.

In dieser Angelegenheit ist den Jungen nicht die Schuld zu geben. Sie akzeptieren natürlich die Meinung des Meisters über den Wert seines Plans; Vielmehr liefern sie sich ein Kopf-an-Kopf-Rennen in oberflächlichen Errungenschaften, und die gesamte Tendenz unseres gesellschaftlichen Lebens stützt die verlockende Theorie. Jeder möchte besitzen, ohne sich die Mühe machen zu müssen, etwas zu erwerben; Jeder hätte einen Ruf, auch wenn er sich nicht die Arbeit leisten müsste, ihn zu verdienen. In einer Zeit, die stolz auf die Geschwindigkeit ist , mit der sie alles erledigt, und die es als Verdienst ansieht, alles, was zu tun ist, auf dem kürzesten und schnellsten Weg zu erledigen, ist es leicht zu erkennen, wie eine bestimmte Klasse von Lehrern und auch Eltern Ich wäre bereit zu glauben, dass der alte bergauf verlaufende Weg zum Wissen geebnet und gesäumt und für den Schnelltransport zugänglich gemacht werden könnte.

Aber nichts kann unlogischer sein, als gesellschaftliche Regeln und Bedingungen auf mentale zu übertragen. Erstere verändern sich ständig, letztere gehorchen festen und unveränderlichen Gesetzen. Es gibt keine Abkürzungen zum universellen Wissen, es hat sie nie gegeben und wird es auch nie geben; und der Junge, der seine Zeit damit vergeuden muss, nach einem solchen zu suchen, wird entweder sein Ziel ganz aufgeben müssen, oder er wird, wenn er sich wieder der Hauptstraße zuwendet, seine ersten Gefährten, die daran festhielten, hoffnungslos vor sich sehen. Lernen ist eine Pflanze, die langsam wächst und auf deren Früchte man warten muss. Selbst nachdem wir etwas gelernt haben, ist es lange her, *dass wir es gut wissen* .

Der Standpunkt des Dienstmädchens

Über die Dienstmädchenfrage ist in letzter Zeit viel geredet worden, immer aus der Sicht der Mätressen ; und da keine *Ex- parte-* Beweise schlüssig sind, biete ich für die Dienstmädchenseite einige Punkte an, die zu einem besseren Verständnis des gesamten Themas beitragen können.

Es heißt überall, dass die Bediensteten von Jahr zu Jahr fauler, auffälliger, frecher und unabhängiger werden. Der letzte Vorwurf ist nachdrücklich wahr, und er erklärt und schließt die anderen ein. Aber dann ist diese Unabhängigkeit das notwendige Ergebnis des weltweiten Fortschritts, an dem alle Klassen teilhaben. Dampf hat es Familien leicht gemacht, zu reisen, die ohne billige Fortbewegungsmittel nie hundert Meilen von zu Hause entfernt wären. Es hat es den Bediensteten auch erleichtert, von Stadt zu Stadt zu reisen. Wenn die Löhne niedrig sind und der Service an einem Ort reichlich vorhanden ist, können sie mit ein paar Dollar dorthin gelangen, wo sie gesucht werden.

Vor fünfzig Jahren lasen nur sehr wenige Bedienstete oder hatten nur Lust darauf. Sie sind jetzt die besten Gönner einer bestimmten Klasse von Zeitungen; sie sehen die „Gesucht"-Kolumnen sowie andere Personen; und sie sind durchaus in der Lage, die Lektionen, die sie vermitteln, und die Vorteile, die sie bieten, zu schätzen. Der nationale Wohlstandszuwachs hat sich auch auf die Stellung der Bediensteten ausgewirkt. Die Leute haben mehr Diener als früher; und die Bediensteten haben weniger Arbeit zu erledigen. Die Menschen leben besser als früher, und Bedienstete wie auch andere spüren die geistige Erbauung, die reichhaltiges und reichliches Essen mit sich bringt.

Aber eine der Hauptursachen für Ärger ist, dass eine Herrin ihre Dienerin mit alten Vorstellungen über ihre Minderwertigkeit anheuert. Sie vergisst, dass Dienstboten Romane lesen, ausgefallene Arbeiten verrichten und viele Briefe schreiben; und dieser Dienst kann nicht länger als bescheidene Arbeit eines niedrigeren Wesens für ein höheres Wesen betrachtet werden. Herrinnen müssen nun die Vorstellung von dem alten Familiendiener , den sie in Romanen kennengelernt haben, aus ihrem Kopf verbannen ; Sie müssen aufhören, den Dienst als irgendwie familiäre Bindung zu betrachten; Sie müssen die Tatsache erkennen und praktisch anerkennen, dass die Beziehung zwischen Herrin und Dienerin heute auf einer rein kommerziellen Basis beruht, wobei die moderne Dienerin eine Person ist, die für die Erfüllung bestimmter Pflichten eine bestimmte Geldsumme nimmt. Tatsächlich hat sich die Lage genauso verändert wie die Beziehung zwischen dem Fabrikanten und seinen Handwerkern oder zwischen dem Bauunternehmer und seinen Zimmerleuten und Maurern.

Es ist wahr, dass Bedienstete das Geld nehmen und ihre Pflichten nicht oder nur sehr schlecht erfüllen. Der Hersteller, der Auftragnehmer und der Händler erheben alle die gleiche Beschwerde; Denn Unabhängigkeit und soziale Freiheit gehen immer *vor* der Eignung für diese Bedingungen, denn die Bedingung ist für die Ergebnisse notwendig und die Ergebnisse sind nicht das Produkt einer Generation. Sicherlich können die Amerikaner ihre häuslichen Beschwerden ohne großen Aufschrei ertragen, da sie insgesamt die Folgen von Bildung und Fortschritt sind und die Umstände sind, die viel höhere und bessere Lebensumstände ermöglichen .

Denn sobald der häusliche Dienst offiziell und öffentlich zu einem kommerziellen Geschäft gemacht wird und alle anderen Ideen daraus ausgeschlossen werden, wird der Dienst eine viel höhere Klasse von Frauen anziehen. Das unabhängige, recht belesene amerikanische Mädchen wird ihre Arbeitskraft nicht an Frauen verkaufen, die darauf bestehen, dass sie auch nur einen Teil ihrer Persönlichkeit preisgibt, außer der Arbeit ihrer Hände. Sie empfindet die Einmischung in ihre Privatangelegenheiten als eine Zumutung seitens des Arbeitgebers. Sie möchte nicht, dass sich eine Geliebte für sie interessiert, sie berät, belehrt oder zurechtweist. Sie lehnt es ab, dass ihr Arbeitgeber auch nur das ist, was man „freundlich" nennt. Alles, was sie verlangt, ist, ihre Pflichten und Arbeitszeiten zu kennen und eine klare Vorstellung von ihrer Arbeit und deren Bezahlung zu haben. Und wenn der Dienst offen auf diese Grundlage gestellt wird, wird er viele anziehen, die jetzt die härtere Arbeit, die schlechtere Bezahlung, aber die größere Unabhängigkeit der Fabriken bevorzugen.

Diener sind ein Teil unseres Sozialsystems, aber unser Sozialsystem wird ständig verändert und weiterentwickelt, und die Diener steigen mit ihm auf. Ich erinnere mich an eine Zeit in England, als Bedienstete, die ihren Jahresvertrag nicht erfüllten, gesetzlich bestraft wurden; wenn eine bestimmte Qualität der Kleidung von ihnen getragen wurde und diejenigen, die sich zu sehr anzogen, dies auf Kosten ihres guten Namens taten; wenn sie sich selten in eine Situation begaben, die nicht zu Fuß von ihrem Geburtsort aus zu erreichen war; obwohl sie in Wirklichkeit mehr Sklaven als Diener waren. Möchte eine gute Frau diesen Zustand wieder herstellen?

Auf Seiten der Dienerin ist die Wurzel aller Schwierigkeiten ihr mangelnder Respekt vor ihrer Arbeit; Und das nur deshalb, weil ihre Arbeit noch nicht offen und allgemein auf eine kommerzielle Grundlage gestellt wurde. Wenn hauswirtschaftliche Dienstleistungen auf die gleiche Stufe gestellt werden wie handwerkliche Dienstleistungen, wenn sie lediglich als geschäftliches Geschäft betrachtet werden, dann wird die Dienstmagd es nicht für nötig halten, unverschämt zu sein und ihre Arbeit schlecht zu erledigen, sondern nur, um ihren Arbeitgeber wissen zu lassen, wie viel sie steht darüber. Vieles wurde getan, um den Dienst zu verschlechtern, indem

Schauspieler, Zeitungen und Schriftsteller aller Art den Hausangestellten verächtliche Bezeichnungen wie „Lakaien", „Diener" usw. usw. gaben. Wenn solche Begriffe üblicherweise in Bezug auf Mechanik verwendet würden, könnten wir das tun Lernen Sie, Maurer und Zimmerleute mit Verachtung zu betrachten. Doch häuslicher Dienst ist genauso ehrenhaft wie mechanischer Dienst, und die Frau, die ein gutes Abendessen kochen kann, ist für die Gesellschaft genauso wichtig wie der Mann, der den Tisch herstellt, auf dem es serviert wird.

Doch ob die Mätressen die Veränderung erkennen oder nicht, der Dienst hat sich weitgehend von feudalen Bindungen emanzipiert. Die Dienstboten haben nun eine eigene soziale Welt, von der ihre Herrinnen überhaupt nichts wissen. Darin treffen sie Gleichgesinnte, schließen Freundschaften und unterhalten sich nach Lust und Laune. Ohne Gewerkschaften, ohne Reden und ohne Streik – weil sie bekommen können, was sie wollen, ohne zu streiken – haben sie ihre Löhne erhöht, ihre Arbeitszeiten verkürzt und viele Privilegien erhalten. Und das natürliche Ergebnis ist eine Unabhängigkeit – die sich mangels angemessener Ausdrucksweise durch die Unverschämtheit und den Selbstgefälligkeit der Unwissenheit durchsetzt –, die mehr an materiellen Rechten gewonnen hat als an immaterieller Achtung.

Herrinnen mit Erinnerungen oder Traditionen sind schockiert, weil Diener ihre Überlegenheit nicht anerkennen oder ihre „Besseren" in irgendeiner Weise respektieren . Aber Ehrfurcht vor allem Irdischen ist die unamerikanischste Haltung. Ehrfurcht ist veraltet und stellt einen offenen Gegner der freien Untersuchung dar. Eltern verlangen es nicht, und Prediger erwarten es nicht – schon der Titel „Rever." ist heute eine verbale Antike. Verpflichten wir unsere Herrscher nicht einmal zum Händeschütteln, um ihnen jeglichen Respekt zu entziehen, den ihnen das Amt bringen könnte? Warum also von Dienern eine Tugend erwarten, die wir auf unserer eigenen Station nicht praktizieren ?

Man sagt wahrhaftig, dass Dienstboten nur an Kleidung denken. Leider begehen Herrinnen die gleiche Übertretung! Schuld daran sind die Maschinen. Während die Dienstboten Mützen und Karomuster trugen, trugen die Herrinnen Musselin und Merinowolle und kamen mit einem guten Seidenkleid gut zurecht. Maschinen haben es den Mätressen ermöglicht, viele Kleider zu bekommen, und wenn es den Bediensteten jetzt gut und kitschig geht, dann deshalb, weil es eine allgemeine Tendenz dazu gibt. Die Diener waren ordentlich, wenn alle anderen ordentlich waren.

Den Bediensteten die Schuld für Fehler zu geben, die wir alle teilen, ist wirklich nicht vernünftig. Es muss daran erinnert werden , dass Frauen aller Schichten sich attraktiv kleiden, und zwar hauptsächlich für das andere Geschlecht. Was die jungen Damen im Salon tun, um sich vor ihren

Liebhabern schön zu machen, ahmen die Diener in der Küche nach. Beide Klassen junger Frauen wollen unbedingt heiraten. In beiden Fällen kann dieser Wunsch nicht schaden. Wir mischen uns nicht in die Hoffnungen der jungen Damen ein; Warum sollte man sich dann wegen der Krankenschwester und des Polizisten einmischen? Dienst ist unter den günstigsten Umständen kein Elysium . Kein Mädchen mag es, und der Wunsch, Herrin über ihr eigenes Haus zu sein – so klein er auch sein mag – ist kein sehr schändlicher Tritt gegen die Vorsehung.

Die Umsetzung von drei Punkten würde wahrscheinlich den gesamten Dienstzustand revolutionieren :

Erste. Die Beziehung sollte auf eine absolut kommerzielle Basis gestellt werden; und so ehrenhaft gemacht wie mechanischer, Fabrik- oder Ladendienst.

Zweite. Aufgaben und Stunden sollten klar definiert sein. Es darf keine Einmischung in persönliche Angelegenheiten erfolgen. Es sollte kein größeres persönliches Interesse erwartet oder gezeigt werden, als es bei jedem anderen Arbeitgeber und Arbeitnehmer üblich ist.

Dritte. Wenn es möglich wäre, jährliche Verpflichtungen herbeizuführen, sollten diese die Regel sein; Denn wenn Menschen wissen, dass sie zwölf Monate lang miteinander auskommen müssen, sind sie eher geneigt, geduldig und nachsichtig zu sein; sie lernen, das Beste aus den Möglichkeiten des anderen zu machen; und Haltung wird zu Sympathie, und Gewohnheit verstärkt die Sympathie, und so machen sie immer weiter und sind ziemlich zufrieden.

Extravaganz

DIE angelsächsische Rasse ist von Natur aus extravagant. Als Herr und Anführer der zivilisierten Welt kleidet er sich in Purpur und feines Leinen und lebt jeden Tag im Luxus, als Vorrecht seiner Vorherrschaft.

Dieses Merkmal ist sehr früh, und die barbarische Extravaganz von „Das Feld des Goldtuchs" versinnbildlicht nur die Leidenschaft des Volkes für prächtige Kleidung und Accessoires, die in unserer Zeit einen Punkt allgemeiner und verschwenderischer Pracht und Prahlerei erreicht hat.

Keine andere hochzivilisierte Nation hat in gleichem Maße eine solche Vorliebe für persönliche Pracht und luxuriöses Leben. Die Franzosen, die für alles Schöne und Elegante bekannt sind, sind wirklich sparsam, und es ist für einen Franzosen ebenso selbstverständlich, sein Geld zu horten, wie für einen Hund, der seine Knochen vergräbt, während ein Holländer oder ein Deutscher wachsen kann Reich mit einem Gehalt, das einen Amerikaner immer am Rande des Bankrotts stehen lässt.

Vor einiger Zeit sagte Lord Derby: „Engländer sind die extravaganteste Rasse der Welt oder werden zumindest nur von den Amerikanern übertroffen." Und das „Übertreffen" in dieser Richtung ist für jeden, der mit den beiden Ländern vertraut ist, so offensichtlich, dass es keiner Demonstration bedarf – ein amerikanischer Haushalt, selbst in der Mittelschicht, ist eine Musterschule dafür, das meiste Geld für das geringstmögliche Geld wegzuwerfen kehrt zurück.

Amerikanische Frauen haben weltweit den Ruf, verschwenderisch Geld auszugeben, aber sie sind nicht extravaganter als amerikanische Männer. Wenn der eine Geld für schöne Toiletten und herrlich trostlose Unterhaltungen ausgibt, wirft der andere es auf den Rasen, beim Karten- oder Billardspielen oder in noch anstößigere männliche Verschwendungssucht . In den meisten eleganten Häusern sind Mann und Frau gleichermaßen extravagant, und die Kerze brennt an beiden Enden.

Für Ausländer ist die Extravaganz der Amerikaner am auffälligsten, wenn es um Blumen geht . Winter wie Sommer, Frauen mit sehr bescheidenen Mitteln müssen Blumen für ihren Gürtel haben. Sie zahlen fünfzig Cent für eine oder zwei Rosen, wenn halbe Dollar keineswegs reichlich vorhanden sind, und es ist ein so hübscher weiblicher Geschmack, dass kein Mann das Herz aufbringt, sich darüber zu beschweren; Nur wenn die Frauen selbst zusammenzählen würden, wie viel Geld sie für diesen vorübergehenden Luxus, sagen wir, drei Monate lang ausgegeben haben, würden sie über ihre eigene Gedankenlosigkeit staunen.

Denn von allen Freuden ist der Blumenkauf das vergänglichste; Bevor der Tag vorüber ist, werden die verblühten Knospen in den Müllwagen geworfen, und das Geld hätte genauso gut auf die Straße geworfen werden können.

Was den Betrag angeht, der für Blumenarrangements bei Hochzeiten, Beerdigungen, Theateraufführungen, Bällen und Abendessen ausgegeben wird, muss davon ausgegangen werden, dass Menschen, die Hunderte von Dollar für Artikel verschwenden, die in wenigen Stunden nutzlos sind, Hunderte von Dollar wegwerfen können. und dass sie den Zeitvertreib genießen, aus ihrem Geld Blumenenten und Erpel zu basteln. Aber wenn sie es nicht genießen, warum ahmen sie dann nicht die Sparsamkeit von Beau Brummel nach, der, als er durch seine Schulden gezwungen wurde, auf Luxus zu verzichten, beschloss, mit dem Sparen zu beginnen, indem er das Rosenwasser für sein Bad einschränkte?

Große Blumenausgaben sind eine ebenso fantastische Extravaganz, denn obwohl Blumen in Maßen schön sind, sind sie im Übermaß vulgär und sogar unangenehm. Die Griechen, die in Sachen Schönheit und Fitness keine Fehler machten, begnügten sich mit einer Girlande und einer Rose für ihren Weinbecher. Sie hätten niemals in einem Leichenhaus voller sterbender Blumen getanzt, gefeiert und geheiratet.

Unser Dressing und Essen erfolgt im gleichen immensen Umfang. Lucullus könnte bei unseren Festen den Vorsitz führen, und Königinnen beneiden die Juwelen und Kostüme unserer Frauen. Vielleicht regen die Größe des Landes und seine überragenden Möglichkeiten in alle Richtungen diejenigen, die über die Mittel verfügen, instinktiv zu verschwenderischen Ausgaben an. Menschen, die unter hellen, hohen Himmeln leben und deren Horizont weit und weitreichend ist, nehmen eine Weite des Ausdrucks in sich auf, die sich nicht mit bloßen Worten zufrieden gibt; und wenn wir unsere Extravaganz auf diese Weise betrachten, können wir sie als eine nationale Eigenschaft betrachten , die sich aus unserer natürlichen Stellung und unseren Vorteilen entwickelt hat.

Natürlich ist es leicht zu sagen, dass die Amerikaner verschwenderisch sind, weil es, wie Dr. Watts es ausdrückt, „ihre Natur ist", es zu sein, aber der wahre Grund für den übermäßigen Luxus der letzten zwei oder drei Jahrzehnte liegt darin die rasche Zunahme der Vulgärreichen, der allerletzten Klasse, die unserer Nachahmung würdig ist. Sind die absurden Fehler des armen Mannes, der Öl fördert, nicht ein häufiges Thema für Witze und Geschichten?

Ausgiebige Zurschaustellung wird wahrscheinlich die einzige gesellschaftliche Gnade sein, auf die die Neureichen verzichten können. Wenn also der Reichtum schneller zunimmt als die Kultur, liegt es in der

Natur der Sache, dass er protzig verschwendet wird; denn die Männer, deren Geist in einem verkümmerten Zustand ist und zu nichts anderem fähig sind, werden ihr Geld für Karten, Pferde oder jede andere modische Form der Verschwendung verschwenden; und die Frauen in der gleichen geistigen Unvollständigkeit, die nichts anderes wissen, als sich zu kleiden und zu tanzen, werden, wenn ihnen Reichtum aufgedrängt wird, keinen besseren Nutzen dafür finden können, als sich umso auffälliger zu kleiden und zu tanzen.

Diese sinnlose Liebe zur Zurschaustellung kann, wenn sie einmal in der Großstadt oder in einer Kleinstadt ihren Anfang nimmt, leicht die Führung übernehmen: erstens, weil alle Snobs ihr nachkommen werden; Zweitens, weil vernünftige Menschen wissen, dass sie keine Reformbewegung starten können, ohne sich unbeliebt zu machen und große Mühen und Kosten auf sich zu nehmen.

Denn so extravagant die Maschinerie der Gesellschaft auch sein mag, sie hat den enormen Vorteil, dass sie existiert, und nur wenige Menschen können es sich leisten, dagegen zu leben. Denn es ist viel einfacher, das zu tun, was alle anderen tun, und mit dem Strom zu gehen, als gute Beispiele zu geben, denen niemand folgen möchte. Tatsächlich erfordert es eine enorme Anstrengung an Mut, Überlegung, Mühe, Zeit und Energie, um ein bisher extravagantes Unternehmen auf eine wirtschaftlichere Grundlage zu bringen.

Die Rechtfertigung privater, extravaganter Ausgaben liegt in der Notwendigkeit einer Klasse, die Muße hat, den intellektuellen Geschmack und die Ambitionen der Nation zu fördern. Und dieses Ziel könnte erreicht werden, wenn die Dinge nur so arrangiert werden könnten, dass ein Goldregen zur richtigen Zeit am richtigen Ort auf die richtigen Menschen niederprasseln würde.

Aber Reichtum ist für die Würdigen genauso wichtig wie die Rasse für die Starken, und so findet er oft Auswege zur Zerstreuung, für die es keine Rechtfertigung gibt und deren einziger Zweck das sinnliche Leben ist, das in „Lothar" dargestellt wird – schöne Häuser , großartig Gefolge, kostbare Kleidung, Clubs, Yachten, Wintergärten usw. usw. – tatsächlich eine Existenz ohne ein zerknittertes Rosenblatt, die einen Mann zu einer Mischung aus Sybarit und Satyr machen würde. Solche Exemplare der Menschheit mag man gelegentlich in Amerika finden, aber sie stellen noch keine eigenständige Klasse dar und werden auch in unserer drängenden, auf und ab gehenden und sich ständig verändernden Gesellschaft wahrscheinlich keine solche werden. In der Tat wäre ein Halbmonster vom Typ Lothair inmitten der ernsthaften Bestrebungen, der intellektuellen Bestrebungen und der mechanischen Wunder von Dampf und Elektrizität, die uns umgeben, ebenso unpassend wie ein Faun auf der Avenue oder ein heidnischer Tempel mitten am Broadway.

Wenn wir uns nur die Mühe machen würden, die Tatsachen vor unseren Augen zu prüfen, hätten wir in unseren Universitätsstädten ständig den Beweis , dass hohe Kultur und Mäßigung in Kleidung und Lebensweise zusammenpassen. Nehmen wir zum Beispiel Cambridge, Massachusetts; Ihre allerbeste Gesellschaft ist einzigartig unaufdringlich, und die Frauen und Töchter ihrer gebildeten Würdenträger unterhalten sich ohne Extravaganz und suchen Respekt und Bewunderung von einem höheren Standpunkt aus als ihren Kleiderbesätzen.

Sollten wir Trauer tragen?

DIES ist eine Frage, die die Kirche seit den Anfängen des Christentums zeitweise beschäftigt. Besonders vorherrschend war es in den ersten Jahrhunderten, als jede Abweichung von jüdischen oder heidnischen Riten fast ein Akt des Glaubens war. Nach dem Tod ihrer Verwandten trugen die Juden während ihrer Trauerzeit, die sieben bis vierzig Tage dauerte, Säcke. Sie saßen auf der Erde und aßen ihre Nahrung von der Erde; Sie kleideten sich nicht an, machten auch nicht ihre Betten, gingen nicht ins Bad und grüßten niemanden . Dieses Übermaß an Trauer hielt selten lange an; dann wurde ein großes Fest für die überlebenden Freunde der Toten veranstaltet; oder das Brot und das Fleisch wurden zum Wohle der Armen auf sein Grab gelegt . (Tobit IV. 17; Prediger xxx. 18; und Baruch VI. 27.)

Es war für den Christen mit der vor ihm gesetzten Hoffnung selbstverständlich, sich diesem verzweifelten Kummer zu widersetzen, und wir sehen, wie der heilige Hieronymus diejenigen lobt, die ihn teilweise aufgegeben haben; während Cyprian erklärt, er sei „durch eine göttliche Offenbarung angewiesen worden, zu predigen, dass Christen ihre aus der Welt befreiten Brüder nicht beklagen und keine Trauerkleidung für sie tragen sollten, da sie gegangen waren, um weiße Gewänder anzuziehen, und auch den Ungläubigen keinen Anlass zum Wehklagen geben sollten." diejenigen als verloren, von denen wir behaupten, dass sie bei Gott sind."

Als die Kirche von ihrer Einfachheit in Formen und Zeremonien verfiel, gewannen Gewänder aller Art und für jeden Zweck und Anlass an Bedeutung; und der erste ernsthafte Protest gegen Trauerkleidung kam von den Quäkern. Diesen spirituellen Männern und Frauen erschien es absurd, schwarze Gewänder für diejenigen zu tragen, von denen sie glaubten, dass sie ewiges Weiß angezogen hätten. Die Mehrheit der frühen Methodisten vertrat dieselbe Meinung, wenn auch in einer weniger positiven Form. Es ist jedoch bemerkenswert, dass nur Christen die traurigen, verzweifelten schwarzen Gewänder tragen , die nicht nur den Verlust von Leben, sondern auch das Ende der Hoffnung zu bedeuten scheinen. Das alte Ägypten trug zum Gedenken an verstorbene Freunde Gelb; die Griechen und Römer trugen weiße Trauergewänder; Auch die Chinesen weihen Weiß dem Dienst des Todes, und die Mohammedaner tragen Blau, weil es die Farbe des sichtbaren Himmels ist.

Deshalb frage ich: Wenn wir ein besonderes Kleid tragen müssen, um unsere Trauer darzustellen, warum dann schwarz? Schwarz ist nun anstößig geworden, da es all die heilige Bedeutung verloren hat, die es einst hatte. Es ist nicht mehr die Tracht der Trauer. Die blonde Schönheit trägt es, weil es ihren schönen Teint hervorhebt; die Brünette, weil sie die lebhaften

Kontraste zulässt, die so gut zu ihrer strahlenden Schönheit passen. Die Klugen tragen es, weil es sparsam und damenhaft ist; und alle Frauen wissen, dass es Anmut und Würde verleiht und wunderschön drapiert; Aus diesen und vielen anderen Gründen ist es in den letzten fünfzig Jahren zu einem Alltagskleid geworden, das sowohl Eitelkeit als auch Trauer zum Ausdruck bringt.

Die von den Quäkern vorgebrachten Gründe für die Aufgabe sind umfassend und verdienen zumindest unsere Überlegung. Sie lauten: Erstens hatte die Trauer ihren Ursprung in einem Zustand der Barbarei und vor der Offenbarung des „ewigen Lebens durch Jesus Christus" und darf daher in zivilisierten und christianisierten Ländern nicht beobachtet werden. Zweitens, dass die Insignien der Trauer kindisch sind, wenn die Trauer real ist, und Spott, wo sie nicht real ist. Drittens, dass Trauerkleidung absolut nutzlos ist: Denn wenn sie dazu gedacht ist, uns an unser Leid zu erinnern, bedarf wahre Trauer keiner solchen Erinnerung; Wenn wir andere auf unsere Trauer aufmerksam machen wollen, sind sie eine Zumutung, denn wahre Trauer bedeutet Abgeschiedenheit; und wenn auch als Trost, so sind sie doch nur kraftvoll, um an eine unwiderrufliche Vergangenheit zu erinnern. Viertens ihre Unannehmlichkeiten: Allzu oft verwandeln sie das Haus des Todes in eine geschäftige Werkstatt; und die Seelen, die vor Kummer niedergebeugt sind, werden gezwungen, sich Sorgen darüber zu machen, dass sie zu Trauerschmuck werden und zu Unkraut werden. Fünftens ihr schlechter moralischer Einfluss: Die Anmut der Tracht besänftigt den Kummer, den die Religion besänftigen sollte; Und da es in einer großen Familie viele Trauernde nur der Form nach geben muss , ist die Zweideutigkeit der Kleidung eine Art moralische Zweideutigkeit. Sechstens, ihre Kosten. Das ist wirklich ein großer Teil der Mittel der Armen und wird oft über Jahre hinweg knapp. Darüber hinaus waren sie in der Stunde ihrer Verzweiflung so beunruhigt und besorgt wegen der Entkleidung ihres Körpers, dass sie alle Lektionen verpassten, die Gott für die Seele vorgesehen hatte.

Die Befürworter der Trauer berufen sich auf die Verhüllung des Himmels in Schwarz beim Tod Christi; und die Universalität und Fortdauer des Brauchs in allen Zeitaltern, allen Ländern und allen Glaubensrichtungen. Ich bin mir bewusst, dass es sich um ein Thema handelt, in das sich Fremde nicht einmischen können; Die Frage, wann sie entsteht, muss von jedem Herzen individuell geklärt werden. Aber wenn Trauerkleidung getragen werden soll, dürfen wir nicht jedes Argument zu ihren Gunsten dadurch zunichte machen, dass wir sie aus den edelsten Stoffen und auf die stilvollste Art und Weise anfertigen. Dies soll sie als den geringsten Spott abstempeln. Und wenn wir Trauer gutheißen und wünschen, dass unsere Freunde uns nach dem Tod in Erinnerung behalten, können wir dann nicht einen besseren Weg finden als Krepp und Bombazin? Ja, Krepp und Bombazin nutzen sich ab und müssen endlich abgelegt werden; aber das „Denkmal der Tugend ist unsterblich. Wenn es vorhanden ist, nehmen die Menschen ein Beispiel daran, und wenn es verschwunden ist, begehren sie es: Es trägt eine Krone und triumphiert für immer.“

Wie man sich porträtieren lässt

DIE Aufnahme eines Porträts ist kein isoliertes Ereignis mehr im Leben. Es ist zu einer Art häuslicher und sozialer Pflicht geworden, der man sich, auch wenn man persönlich dagegen ist, mit Würde unterwerfen muss, es sei denn, man gerät in den Unmut, die Wünsche seines Familienkreises und die lobenden Bitten seiner Bekannten zu vernachlässigen.

Auf den ersten Blick scheint es, dass nichts einfacher ist, als zum Fotografen zu gehen und ein gutes Abbild zu bekommen. Nichts ist wirklich unsicherer und enttäuschender. Wenn wir die Alben unserer Freunde durchblättern, wie oft kommen wir an den Gesichtern von Bekannten vorbei, ohne sie überhaupt zu kennen! Wie ist das? Ganz einfach, weil das Original im Moment der Aufnahme ganz anders war als sie selbst. Sie war nervös, ihr Kopf war in einen Schraubstock geschraubt, ihre Position war für sie ausgewählt worden und ihr wurde befohlen, auf eine bestimmte Stelle zu schauen und still zu bleiben. Eine solche Position war mit nichts in ihrem wirklichen Leben zu vergleichen, und der Ausdruck auf ihrem Gesicht war ebenso fremdartig. Die Gesichtszüge waren zwar völlig korrekt, aber es fehlte das Unergründliche, das das Gesicht individualisiert.

Wenn nun die Annehmlichkeiten des gesellschaftlichen Lebens es erfordern, dass wir unsere Bilder anfertigen lassen, „so wäre es gut, dass sie gut gemacht wären", und ein Großteil dieses Ziels liegt in der Wahl und Macht des Dargestellten.

Zunächst zur Auswahl des Künstlers. Es ist ein großer Fehler zu glauben, dass Fotografie ein rein mechanisches Handwerk sei. Es gibt einen ebenso großen Unterschied zwischen zwei Fotografen wie zwischen zwei Graveuren. Auch ein gutes Objektiv alleine liefert kein gutes Bild. Die Haltung des Dargestellten, die Anordnung von Licht und Schatten, die Anordnung der Vorhänge sind von größter Bedeutung. Ein guter Künstler hat in dieser Richtung nahezu unbegrenzte Macht. Er kann bestimmte Teile dünner machen, indem er sie in Halbtöne taucht oder ihre Umrisse im Schatten verbirgt, und andere Teile kann er vertiefen und verstärken, indem er sie mit Licht umgibt. Wenn also der Kopf zu klein für Schönheit ist, kann er ihn vergrößern, indem er das Licht auf das Gesicht wirft; und wenn es zu groß ist, kann er es verringern, indem er einen Farbton wählt, der eine Gesichtshälfte in den Schatten wirft.

Wenn der Künstler über eine Linse verfügt, die ihren Fokus ständig ändert, entsteht ein Porträt, dessen Umrisse zart weich und undefiniert sind. Eine *Sichtlinse* oder eine, die vollkommen flach ist, benötigt fast zwei Minuten, um das Abbild zu vervollständigen, und die Folge ist, dass sich der

Dargestellte leicht bewegt und die erforderliche Weichheit auf zufällige Weise erreicht wird. Es ist also offensichtlich, dass die am schnellsten aufgenommenen Bilder nicht unbedingt die besten sind. Dann haben die Menschen hundert verschiedene Aspekte, und das Beste zu ergreifen und zu reproduzieren, ist die Aufgabe des Genies und nicht der Chemie.

Nachdem man einen guten Künstler ausgewählt hat, und zwar einen, dessen Position es ihm ermöglicht hat, sich die besten Werkzeuge zu sichern, gilt die nächste Pflicht der Dargestellten sich selbst und ihrem Kostüm. In der Fotografie kann ein gutes Porträt durch die Wahl schlechter Farben in der Kleidung völlig zunichte gemacht werden. Putz ist der Fluch des Künstlers, aber wenn er in Öl arbeitet , kann er ihn weglassen oder abschwächen. In der Fotografie gilt: So wie die Dargestellte kommt, muss sie auch aufgenommen werden, mit all ihren Vorzügen oder Unvollkommenheiten auf dem Kopf.

Die für das Auge leuchtendsten Farben wie Rot, Gelb und Orange sind fast ohne Wirkung; Grün wirkt schwach; Blau und Violett werden sehr schnell wiedergegeben. Wenn also eine Person mit sehr heller Hautfarbe in Grün, Orange oder Rot aufgenommen würde , wären die Lichter sehr auffällig und dem Porträt mangele es an Energie und Details. Das beste aller Kleider ist schwarze Seide – *Seide* , nicht Bombazine, Merino oder irgendeine Baumwollmischung, da der bewundernswerte Effekt vom Glanz der Seide abhängt, der sie voller gedämpfter und reflektierter Lichter macht, die Bewegung und Spiel verleihen die Vorhänge. Ein tiefschwarzes Kleid ohne diesen Schimmer würde durch einen gleichmäßigen Fleck dargestellt; ein weißes Kleid sieht aus wie eine flache Wachsfolie oder ein Stück Pappe; Aber eine Kombination aus schwarzem Netz oder Spitze über Weiß ist sehr effektiv, wird aber selten gewagt. Robbenfell und Samt verleihen Fotografien eine bewundernswerte Weichheit und Farbtiefe.

Der Teint muss bei der Kleidung berücksichtigt werden. Blondinen können viel hellere Farben tragen als Brünette. Brünette machen immer die besten Bilder, wenn sie in dunklen Kleidern aufgenommen werden, aber weder Blondinen noch Brünetten sehen in positivem Weiß gut aus. Sind Bilder generell so hässlich wie Brautfotos? Alle heftigen Farbkontraste verderben ein Bild und sollten besonders vermieden werden; und Schmuck verleiht einen vulgären Eindruck.

Auf fotografischen Bildern leiden Blondinen am meisten; Ihr goldenes Haar verliert seinen ganzen Glanz, und ihre blauen Augen, die für den Dichter so schön waren, verwirren den Fotografen. Vor der Linse sollten Blondinen ihr gelbes Haar fast weiß pudern; Es wird dann ungefähr der gleiche fotografische Farbton wie in der Natur erreicht.

Sommersprossen, die im natürlichen Gesicht kaum einen Makel darstellen, treten auf fotografischen Bildern aufgrund ihres Gelbstichs sehr unangenehm deutlich hervor und verleihen dem Gesicht oft ein deutlich fleckiges Aussehen. Sie lassen sich für den jeweiligen Anlass leicht verkleiden. In der Umkleidekabine jedes Studios sollte eine Mischung aus etwas Zinkoxid und ... vorhanden sein Glycerin ; Diese wird mit Rosenwasser verdünnt, bis die Konsistenz einer Creme erreicht ist, und vor dem Fotografieren mit einem Schwamm auf das Gesicht aufgetragen. Es verleiht der Haut eine zarte weiße Farbe und kaschiert alle Sommersprossen und Verfärbungen. Lassen Sie eine Dame mit Sommersprossen ihr Bild zuerst ohne diese Mischung und dann noch einmal nach dem Schwamm und dem Kosmetikum ausprobieren, und Sie werden den Wert des Empfangs sofort zu schätzen wissen. Seine Verwendung wird seit langem vom *British Journal of Photography befürwortet* .

Im Zusammenhang mit dieser Tatsache möchten wir Damen, deren Haut bei der Einwirkung der Sommersonne dazu neigt, braun zu werden und Sommersprossen zu bekommen, ein paar Ratschläge geben. Blau wird von allen Farben am stärksten durch Licht beeinflusst; und Gelb ist von allen Farben die am wenigsten anfällige dafür. Wenn also ein schöner Teint gewünscht wird, muss der blaue Schleier strikt abgelegt werden, wie angemessen er auch sein mag. Grün könnte seinen Platz einnehmen, aber ein kleines gelbes Netz wäre besser, um einen zarten Teint zu retten, als alle Waschungen und Kalydors, die jemals erfunden wurden. Sommersprossen und Bräune sind nichts anderes als die Verdunkelung der Eisensalze im Blut durch die Einwirkung von Licht; Und da Blau, wie gesagt, von allen Farben am leichtesten davon betroffen ist, kann jeder erkennen, wie schädlich ein blauer Schleier bei sonnigem Wetter für eine schöne Haut sein muss.

Wenn das Foto koloriert werden soll, ist der Farbton des Kostüms bei weitem nicht so wichtig; Aber man darf immer bedenken, dass eng anliegende, leichte Kleidungsstücke den Kopf, die Hände und die Füße vergrößern und dass ein fließendes, weites Kleid diese Teile leicht und zart macht. Der Vorteil des Kolorierens von Fotografien ist sehr groß, wenn der Künstler ein fähiger und vernünftiger Künstler ist, denn die *Härte* der Umrisse, die eher künstlich als natürlich ist, kann durch einen geschickten Pinsel weitgehend behoben werden; nur, lehnen Sie immer *einfarbige* Farben ab; Es sollten nur die transparentesten Aquarellfarben verwendet werden. Es ist jedoch eine umstrittene Frage, ob künstliche Farbgebung, wie gut sie auch durchgeführt wird, Fotografien verbessert, da sie ihnen sicherlich in gewissem Maße die Genauigkeit und den Hauch von Reinheit raubt, die die charakteristischen Ansprüche dieser Kunst ausmachen. Die nächste Verbesserung dieser Methode, Gesichter zu markieren, wird zweifellos darin bestehen, die Sonne – die Quelle aller Farben – dazu zu zwingen, die von ihr gezeichneten Bilder zu malen; und eine Reihe neuerer Fakten deuten darauf hin, dass diese Verbesserung innerhalb kurzer Zeit sehr wahrscheinlich sein wird.

Erlauben Sie sich niemals, die Laienfigur der idealen Landschaften eines Fotografen zu sein. Das Zerschneiden eines Porträts mit Balustraden, Säulen und bunten Parterres wirkt sich fatal auf die Wirkung der Figur aus, die das einzige Objekt sein sollte, das ins Auge fällt. Kein fotografisches Porträt sieht so gut aus wie eines mit einem vollkommen schlichten Hintergrund, aber wenn Sie ein Accessoire wünschen, achten Sie darauf, dass es die Hauptfigur nicht lächerlich macht. Wenn Sie schon immer in einem bescheidenen Zuhause gelebt haben, lassen Sie sich nicht dazu zwingen, in Marmorhallen oder inmitten prächtiger imaginärer Bereiche zu stehen. Junge Damen, die in voller Abendtracht lesen, mit Wasser und Schwänen im Rücken, oder in Schleppen aus Seide und Spitze auf einem Gebirgspass stehen, sind schon lächerlich genug. Vor ein paar Tagen sahen wir das Gesicht eines hübschen Mädchens, das aus einem Champagnerkorb schaute. Das Bild wurde künstlerisch aufgenommen, aber die extravagante Einbildung der Umgebung, die völlig im Widerspruch zum Charakter des Originals stand, verdarb das Bild völlig . Wir denken auch an eine berühmte Schönheit, die in einer prächtigen Toilette in einem Raum voller Bücher und Materialien zum Schreiben und Lernen sitzt, obwohl ihre ganze kleine Welt weiß, dass sie nie etwas anderes als die leichtesten Romane liest und nie etwas anderes als eine Einladung schreibt oder ein Liebesbrief. Schauspielerinnen, die in Rollen verfilmt werden, benötigen möglicherweise einen aufwendigen künstlichen Hintergrund, um die Illusion zu unterstützen, aber Privatdamen sehen ohne diesen in der Regel unendlich viel besser aus.

Bei Damenporträts ist die Hervorhebung der Schönheit zu beachten. Bei einem Foto ist dies in hohem Maße eine Frage von Licht und Schatten und ihrer Verteilung. Für jedes Gesicht gibt es ein Licht und einen Schatten, die speziell ausgewählt werden müssen, um es am besten zur Geltung zu bringen. Das passendste Licht befindet sich auf einer Höhe mit dem Gesicht oder sogar etwas darunter, da es ein großer Fehler ist, anzunehmen, dass die Fußlichter auf der Bühne unpassend sind. Ein Oberlicht, wie wir es in gewöhnlichen Fotoräumen haben, verstärkt die Projektion der Stirn und wirft einen tiefen Schatten auf die Augen. Der Nasenrücken, die Unterlippe und das Kinn grenzen sich sozusagen in klaren Lichtern vom Rest des Gesichts ab, und ein solcher Effekt ist für ein junges Mädchen sehr ungebührlich und unangemessen.

Wenn die Merkmale hervorstechen, erhöht ein klares, helles Licht diese Hervorhebung deutlich und verleiht dem Ausdruck eine besondere Härte, die im Modell wahrscheinlich nicht vorhanden ist. Bestehen Sie deshalb darauf, dass das Licht von oben so weit wie möglich beseitigt wird und dass ein Licht von der Seite zum Einsatz kommt.

In der menschlichen Figur steckt ebenso viel Charakter wie im Gesicht; Daher eignen sich Ganzkörperporträts am besten, da sie neben der Gesichtsähnlichkeit auch die Haltung und Besonderheiten der Figur hervorheben. Wenn das Porträt halbgroß ist, sollte die Haltung die Position der unteren Extremitäten anzeigen. Bei Büstenporträts ist der Kopf alles, die Büste trägt lediglich ihre Größe und Proportionen und gibt sie an. Der Kopf sollte jedoch niemals ohne die Büste dargestellt werden, denn die Wirkung eines solchen Porträts ist ein völliger Mangel an Einheitlichkeit; Es bietet keinen Vergleichspunkt, anhand dessen der Rest des Körpers beurteilt werden könnte – eine Angelegenheit von großer Bedeutung, da dies eines der auffälligsten Merkmale des Individuums ist.

Eine *Visitenkarte* ist ein angenehmeres Abbild als eine größere, weil sie mit der Mitte der Linse aufgenommen wurde, wo sie am wahrsten ist ; daher kommt es nie aus der Zeichnung. Außerdem verbirgt es jegliche Unebenheiten im Gesicht, anstatt sie zu übertreiben. Und wiederum ist der Preis so moderat, dass wir es uns leisten können, die Bilder großzügig zu verteilen.

Fotos haben einen schlechten Ruf, wenn es um ihre Haltbarkeit geht, und wenn wir unsere Alben durchsehen und feststellen, dass die einst starken und ausdrucksstarken Alben nun blass und verblasst sind, müssen wir zugeben, dass ihre Schönheit vergänglich ist. Aber dieser Nachteil ist in hohem Maße die Schuld des Künstlers. Es gibt nichts in der chemischen Beschaffenheit von Fotografien – die durch die Kombination der Edelmetalle entstehen –, was sie vergänglich machen könnte. Das Problem liegt im letzten Prozess, den sie durchlaufen. Durch diesen Prozess werden sie mit einer zerstörerischen Chemikalie imprägniert, und die Entfernung aller Spuren davon ist eine schwierige und mühsame Angelegenheit. Um eine wirksame Fertigstellung zu erreichen, sollten die Bilder einen Tag lang in einem guten Gewässer gebadet werden, das ständig bewegt und verändert wird. Künstler, die auf ihre Kunst und ihren persönlichen Ruf neidisch sind, bestehen darauf, dass dieser Prozess sorgfältig durchgeführt wird, aber bei minderwertigen Fotografen ist die Versuchung, ihn zu vernachlässigen, sehr groß, zumal in vielen Fällen die schädliche Chemikalie zur gegenwärtigen Brillanz des Bildes beiträgt . Sie werden außerdem durch die Ungeduld der Dargestellten in Versuchung geführt, die oft auf eine sofortige Fertigstellung ihrer Bilder drängen. Wenn jedoch ein dauerhaftes Porträt gewünscht wird, müssen Damen dem Künstler Zeit für die ordnungsgemäße Reinigung ihres Fotos geben.

Für die große Mehrheit der Menschen ist das erste Interview mit ihrem fotografischen Porträt eine herbe Enttäuschung. Sie drücken sich durch ein beredtes Schweigen aus, drehen es hin und her, halten es nah und fern. Nach einer Weile gewöhnen sie sich daran in seinem samtenen Rahmen, auch wenn sie in ihrem Herzen nie anerkennen, dass es wahr ist. Auch hier gibt es andere, denen die Fotografie sehr zusagt, und sie kommen auf ihren Bildern besser zur Geltung als jemals zuvor in der Realität. Bei letzteren handelt es sich um Menschen, deren Gesichtszüge gut ausbalanciert und proportioniert sind, die aber im Allgemeinen nicht als schön gelten. Gesichter, deren Schönheit von ihrer Beweglichkeit und ihrem Ausdruck abhängig ist, leiden am meisten darunter und sind in ihrer feineren Stimmung durch diesen Prozess tatsächlich fast unübersetzbar.

Dennoch haben fotografische Porträts unabhängig von allen künstlerischen Überlegungen einen großen gesellschaftlichen Wert, nicht nur, weil sie die *Person* ihrer Modelle gut wiedergeben, sondern auch, weil sie Texturen so getreu wiedergeben, dass wir uns aus einer *Visitenkarte* des *Porträts ein sehr gutes Bild machen können* soziale Stellung des Dargestellten und nebenbei, aus Schnitt, Stil und Material des Kleides, auch ein sehr gutes Bild von deren moralischem Kaliber .

In fotografischen Porträts – die alle paar Monate wiederholt werden können – sind viele Dinge zulässig, die in einem fertigen Ölporträt, das dazu bestimmt ist, zusammen mit Häusern und Grundstücken an ungeborene Generationen weitergegeben zu werden, zu Recht missbilligt würden. In einem solchen Bild ist jeder Eingriff in die Fantasie eine Zumutung, wenn er auch nur im Geringsten auf Kosten der Wahrheit geschieht.

Der große Wert eines Ölporträts liegt darin: Das göttliche, fast ungreifbare Licht des Ausdrucks, das über dem Gesicht schwebt, wird von lebendigem Können und Intellekt erfasst und in Farben gefangen. Der Dargestellte wird nicht in einem besonderen Moment gefangen genommen, in dem seine Augen starr und seine Muskeln steif sind, sondern in einem stundenlangen freien Studium lernt man die Charakteristika des Gesichts kennen und manch einen gelungenen Ausdruck fängt man ein und fixiert ihn für immer. Das ist es, was der Porträtmalerei ihren besonderen Wert verleiht und gewöhnliche fotografische Porträts aus dem Bereich der Kunst in den Bereich der Mechanik drängt.

Künstler haben verschiedene Möglichkeiten, ihre Dargestellten zu behandeln. Manche versetzen sie in eine Sir-Joshua-ähnliche Haltung und fügen einen Gainsborough-Hintergrund hinzu. Andere umrunden das gesamte Gesicht und zeichnen es wie eine Karte auf, wobei sie die Höhe jedes Muttermals und jedes Grübchens erfassen. Aber wenn sich ein

Künstler abseits seines Kompasses unsicher fühlt und sich selbst nicht vertrauen kann, sollten die Dargestellten ihm nicht vertrauen.

Es ist ein wahres Vergnügen, vor einem Meister seiner Kunst zu sitzen, eine echte Müdigkeit und ein echter Ekel, vor einem Tyrannen zu sitzen. Es muss daran erinnert werden, dass nicht nur der Ausdruck am besten zu fangen ist, sondern auch die *Merkmale* Die Gesichtszüge eines jeden Gesichts variieren je nach körperlicher Veränderung und geistiger Stimmung so stark, dass ihre Unterschiede tatsächlich mit einem Fußmaßstab gemessen werden können. Ein gewöhnlicher Künstler wird diese Entfernungen messen; Ein außergewöhnlicher Künstler wird ihre subtilen Effekte einfangen und die Gesichtszüge sowie den Ausdruck von ihrer besten Seite zeichnen.

Ein wirklich schönes Ölporträt sollte aus der Nähe genauso gut aussehen wie aus der Ferne.

Erlauben Sie keinem Künstler, Schönheitsfehler wegzulassen, die zum Charakter des Originals beitragen; Ob hässlich oder hübsch, ein Porträt ist wertlos, es sei denn, es ist ein Abbild. Es gibt sehr kluge Künstler, die kein echtes Porträt malen können, weil sie jedes Bild nach sich selbst duften lassen. Daher Als Bartolozzi Holbeins Köpfe gravierte, schuf er alles, was Bartolozzi zu bieten hatte . Aber in einem Porträt sollte die Individualität des Dargestellten die gesamte Leinwand durchdringen und an sich reißen, so dass wir beim Betrachten nur an die dargestellte Person denken und den Künstler, der ihn uns vorgestellt hat, völlig vergessen.

Es ist ein Axiom, dass jedes Porträt in voller Länge einen Vorhang und eine Säule erfordert, jedes Porträt in halber Länge einen Tisch und jedes Kit-Kat ein ganzes Gesicht. Aber solche Regeln verraten sicherlich die Unfruchtbarkeit der Erfindung. Es kann nicht gesagt werden, dass jede gute Position ausgeschöpft ist. Warum sollte nicht jedes Porträt als Teil eines historischen Bildes behandelt werden, in dem die Position, der Hintergrund und die Accessoires des Dargestellten den Ton und das Gefühl erzeugen, die zu seinem gewöhnlichen Leben am besten passen? Raffael zeigt in seinem Porträt von Leo dem Zehnten eine getreue Studie solcher Untergebenen. Es gibt ein Gebetbuch mit Miniaturen, eine Glocke auf dem Tisch und einen Spiegel an der Stuhllehne, der die gesamte Szene widerspiegelt. Eines der bezauberndsten Porträts Rembrandts ist das seiner Mutter, die sich mit einer Schere die Nägel schneidet.

Lassen Sie niemals zu, dass ein Künstler die Hand verunglimpft oder verdeckt. Die Hand ist ein Merkmal voller Schönheit und Individualität. Wer bemerkt hat, wie Vandyck seine Besonderheiten studiert und herausgearbeitet hat, welche Schönheit und welchen Ausdruck er ihm verliehen hat, wird seine Kraft als Ausdruck der Persönlichkeit nie wieder unterschätzen.

Die Porträts von Männern oder Frauen in prominenter Position sollten auf der Rückseite immer ihren Namen und den des Künstlers tragen . Wenn dies in der Vergangenheit geschehen wäre , wie viele namenlose Porträts, die heute von geringem Wert sind, würden dann hoch geschätzt werden! Von der Zeit Heinrichs des Achten bis zur Zeit Karls des Ersten war es üblich, in einer Ecke das Wappen der dargestellten Person einzufügen. Dadurch konnte die Person zwar nicht genau identifiziert werden, aber es erleichterte die Bestimmung. In der National Gallery of England gibt es ein Meisterwerk von Vandyck , das den Namen „ Gevartius " trägt. Aber niemand weiß, wer Gevartius war. Hier ist der Kopf eines alten Mannes, der für alle Zeiten unvergesslich gemacht wurde – ein Kopf, der für 10.000 Dollar als billig gelten würde und der, wenn er zum Verkauf stünde, Kenner aus allen Teilen der zivilisierten Welt anziehen würde, und er hat keinen Namen. Wie viel wertvoller und interessanter wäre es, wenn seine Geschichte bekannt wäre! Daher sollte kein Gefühl der Bescheidenheit herausragende Persönlichkeiten davon abhalten, die Identität ihrer Bilder sicherzustellen. Stellen wir uns ein Bild von Abraham Lincoln und eines von Professor Morse in zweihundert Jahren vor, mit dem Namen in einem Fall und einer reinen Identitätstradition im anderen, und es wird leicht sein, den Wertunterschied abzuschätzen.

Den Amerikanern wurde eine übermäßige Vorliebe für Porträts vorgeworfen; Der Geschmack hat seine Grundlage im Charakter der Nation. Es entspricht der Wertschätzung des persönlichen Wertes eines Menschen und der vollen Wertschätzung der individuellen Unabhängigkeit, die so wichtige Elemente unseres Nationalcharakters bilden.

Die Krone der Schönheit

DER Ruhm und die Krönung körperlicher Perfektion ist schönes Haar. Venus würde uns nicht bezaubern, wenn sie kahl wäre, und weder Dichter, Maler noch Bildhauer würden es wagen, uns ein „Thema" zu geben, dem dieser Charme, der Charme aller anderen Reize, fehlen sollte. Es ist auch kein moderner Schnickschnack. Homer nennt Helena „die schönhaarige Helena", wenn er sie lobt, und Petronius legt in seinem berühmten Bild von Circe viel Wert auf „nachhängende Locken".

Die Schönheit langer Haare bei Frauen scheint nie bestritten worden zu sein, und sie fanden auch eine sehr breite Akzeptanz als Zeichen männlicher Stärke und Schönheit. Der heilige Paulus sagt zwar, dass es für einen Mann eine Schande sei, langes Haar zu haben, aber seine Meinung ist nicht ohne Vorbehalte zu vertreten, denn sowohl die Traditionen der Poesie als auch der Malerei geben dem Erlöser Geliebter Schüler, lange lockige braune Haarsträhnen. Die griechischen Krieger und die meisten asiatischen Nationen waren stolz auf ihr langes Haar, und die Römer gaben ihm eine große Bedeutung, indem sie es zum Abzeichen eines freien Mannes machten. Auch Cäsar sagt deutlich, dass er die Männer einer Provinz, die er erobert hatte, immer dazu zwang, sich als Zeichen der Unterwerfung die Haare abzurasieren.

Die sächsischen und dänischen Herrscher Englands waren gleichermaßen berühmt für ihre langen gelben Locken, und die Mode setzte sich bis zur Dynastie der Tudor-Könige ohne oder mit keiner Unterbrechung fort. Sie betrafen aus irgendeinem Grund kurzes Haar; und „König Hal" verdankt seinen „bluffen Look" zweifellos der kurzen, dicken Ernte, die er trug. Die Mode erstreckte sich sogar auf die Frauen dieser Zeit, und ihre abgebildeten Gesichter, deren Haare alle unter einer *Haube* verborgen waren , wirkten äußerst hart, steif und unschön. Unter den Stuarts kam langes, wallendes Haar bei der Royalistenpartei wieder in Mode, die ihre „Liebeslocken" zum Zeichen und Emblem ihrer Loyalität machte. Im Gegenteil, die Puritaner machten kurzes Haar fast zu einem Glaubensgrundsatz und zu einem Teil ihres Glaubensbekenntnisses. In den letzten zehn Jahren waren Haare wieder ein Zeichen politischer Gefühle, denn während des Bürgerkriegs trugen die Frauen des Südens, die für die Konföderation waren, eine lange Locke hinter dem linken Ohr, während die Frauen, die für die Union waren, jeweils eine lange Locke hinter dem linken Ohr trugen Ohr.

Im Laufe des letzten Jahrhunderts haben Männer ihre Haare nach und nach immer kürzer geschnitten. Sie tun natürlich so, als würde die Mode die Reihenfolge vorgeben; aber einer Frau darf man vielleicht zweifeln, ob nicht zuerst die Notwendigkeit die Mode diktierte. Sicherlich bevorzugen Damen bei Männern mäßig langes, dichtes und gelocktes Haar gegenüber dem Gefängnisstil des letzten Jahres. Und angenommen, sie könnten langes Haar haben, es aber zu ihrem eigenen Komfort schneiden, dann sagt das sehr wenig über ihre Tapferkeit aus. Ich muss nicht auf die Dutts, Zöpfe und Kunstgriffe hinweisen, die Frauen verwenden, um ihre Haare zu verlängern, um Männern zu gefallen, die sich weigern, das Kompliment zu erwidern, selbst in einem Ausmaß, das ihnen sehr gut stehen würde.

Nach der Haarlänge ist die Farbe der wichtigste Punkt . In Wirklichkeit gibt es nur zwei Farben, Schwarz und Rot. Braun, Gold, Gelb usw. liegen dazwischen, wobei der Farbunterschied durch den vorherrschenden Schwefel und Sauerstoff oder Kohlenstoff bestimmt wird. In schwarzem Haar übersteigt der Kohlenstoffanteil; in goldenem Haar, Schwefel und Sauerstoff. Es wurde behauptet, dass das Klima die Haarfarbe bestimmt; dass es nördlich des 48. Breitengrades blonde Menschen gibt; braunes Haar zwischen 48° und 45°; die Nordfrankreich, die Schweiz, Böhmen, Österreich einschließen und Georgien und Tscherkessien, Kanada und den nördlichen Teil von Maine berühren würden; und dass unterhalb dieser Linie die schwarzhaarigen Rassen Spaniens, Neapels, der Türkei usw. usw. liegen. Dies ist jedoch leicht zu widerlegen. Nehmen Sie zum Beispiel den Breitengrad 50° und folgen Sie ihm rund um die Welt. Darauf ist der lockige, goldhaarige Europäer zu finden; das schwarze, glatte Haar der Mongolen und amerikanischen Indianer, und in Kanada wiederum wird es uns das blonde sächsische Mädchen bescheren. Es ist also die Rasse und nicht das Klima, die die Farbe bestimmt. Ich neige auch zu der Annahme, dass das Temperament etwas damit zu tun hat, da wir schwarzhaarige Kelten, goldhaarige Venezianer und blonde und schwarzhaarige Juden finden .

Die alten Zivilisationsvölker bewunderten leidenschaftlich rotes Haar. Griechen, Römer, Chinesen, Türken und Spanier haben es ihren Kriegern und Schönheiten geschenkt. Irgendwie hat es bei der angelsächsischen Rasse einen schlechten Ruf. Sowohl in Romanen als auch in Theaterstücken ist es üblich, dem Bösewicht der Handlung „ schurkisches rotes Haar" zu geben; und in der englischen Malerschule zeichnet sich allgemein der Verräter Judas dadurch aus. Im Osten ist Schwarz die Lieblingsfarbe und die Perser verabscheuen eine rothaarige Frau. Hellbraunes oder goldenes Haar ist der universelle Favorit. Die Griechen gaben es Apollo, Venus und Minerva. Die Römer hatten eine solche Leidenschaft dafür, dass in der Zeit des Kaiserreichs helles Haar, das aus Deutschland mitgebracht wurde (zur Herstellung von Perücken für römische Damen), für Gold verkauft wurde. Die Deutschen selbst waren mit den schönen Haaren, die ihnen die Natur geschenkt hatte, nicht zufrieden und stellten eine Seife aus Ziegentalg und Buchenholzasche her, um die Farbe aufzuhellen. Homer liebte „Blondinen", und Milton und Shakespeare sind voller goldhaariger Schönheiten, während die Seiten des Romanautors und die Galerien antiker und moderner Maler die gleiche Vorliebe zeigen.

Lavater legt großen Wert auf die Haarfarbe als Indikator für die Veranlagung. „Kastanienbraunes Haar", sagt er, „zeigt Liebe zur Veränderung und große Lebhaftigkeit; schwarzes Haar, Leidenschaft, Stärke, Ehrgeiz und Energie; helles Haar, Milde, Zärtlichkeit und Urteilsvermögen."

Die Mode hat das Haar in viele absurde und auch in viele schöne Formen gekleidet; Aber trotz aller Veränderungen haben Locken, die frei und natürlich schweben, eine Mehrheit von Bewunderern gehabt. Jemand sagt, dass „von allen Revolvern, die auf Männerherzen zielen, Locken die tödlichsten sind ", und aufgrund des hartnäckigen Instinkts von Frauen, sie zu behalten, neige ich dazu, dieser Aussage zuzustimmen. Die Armenier und einige andere Asiaten drehen das Haar in Form einer Mitra ; die Parther und Perser lassen es lange und schwebend; die Skythen und Goten tragen es kurz, dick und borstig; Die Araber und verwandte Leute schneiden es oft auf der Krone. Im Süden Europas ist „im Haar sein" ein gebräuchlicher Ausdruck für unverheiratete Mädchen, da sie ihr Haar lang und wallend tragen, während Matronen es zu einer Locke am Hinterkopf aufstecken.

Bis zum neunten Jahrhundert war in England die Natur im Wesentlichen maßgebend für die Friseurmode; dann wurden auf jeder Seite der Wange nach oben gedrehte Zöpfe eingeführt; und im elften Jahrhundert verschwanden alle Haare unter dem damaligen Kopfschmuck. Zu Beginn des 16. Jahrhunderts begannen Damen, ihre Haare hochzustecken. Königin Margarete von Navarra krauste sich und drehte ihre üppigen Locken zurück, genau wie es die Frauen unserer Tage tun. Auch der heute weit verbreitete Brauch, die Haare in zwei lange Locken zu flechten und sie an den Enden mit Bändern zusammenzubinden, war zu Beginn des 17. Jahrhunderts ein beliebter Stil. Im 18. Jahrhundert verwendeten Frauen Puder in einem solchen Ausmaß, dass die Haarfarbe fast zerstört wurde, und in den letzten hundert Jahren hatte jede mögliche Anordnung und Nichtanordnung eine vorübergehende Gunst.

Zu den Bräuchen der Gegenwart kann ich nichts sagen. Wenn es ein Eigentum gibt, an dem eine Frau unbestrittenes Recht hat, dann liegt es sicher in ihrem eigenen Besitz; Und wenn sie es in einem unziemlichen oder unkünstlerischen Stil trägt, geht es, wie ich sehe, sicherlich niemanden etwas an. Sicherlich nicht die der Männer, da ich bereits gezeigt habe, dass sie es aus Unfähigkeit oder aus Egoismus ablehnen, die dicken, wallenden Locken zu tragen, mit denen die Natur männliche Stärke und Schönheit krönt und die alle die Bewunderung der Frauen hervorrufen.

Die Mehrheit der Frauen hat in dieser Angelegenheit einen natürlichen Geschmack und nur wenige sind so dumm, ihre Schönheit der Mode zu

opfern. Zwei oder drei Regeln sind bei allen Haaranordnungen grundlegend:
Die eine besagt, dass ein Überfluss am Hinterkopf immer einen tierischen
Ausdruck verleiht; ein anderer, dass es besonders hässlich sei, die ganze Stirn
entblößt zu haben. Die Griechen, höchste Autoritäten in allen Fragen der
Schönheit und des Geschmacks, haben sich nie einer solchen Gräueltat
schuldig gemacht. In all ihren exquisiten Statuen sind die Haare tief
angesetzt. Ein dritter Grund ist, dass „Bands" die aufwendigste aller *Frisuren
sind* und nur von Gesichtern von klassischer Schönheit übernommen werden
sollten. Sie einem runden, fröhlichen Gesicht mit retroussierter Nase
hinzuzufügen, ist ebenso absurd, wie einen dorischen Fries auf einem
unregelmäßigen Gebäude anzubringen . Ein allgemeiner und positiver Punkt
ist, dass alle Haare durch das Ölen sowohl in ihrer Qualität als auch in ihrer
Farbe beeinträchtigt werden, da sie dadurch die Elastizität und Leichtigkeit
verlieren, die ihren Hauptreiz und ihre Hauptcharakteristik ausmachen; Das
Letzte (von dem ich nicht hoffe, dass Damen es im Moment beherzigen
werden) ist, niemals die natürliche Form des Kopfes zu verbergen.

Verschwendung von Vitalität

WENN wir darüber nachdenken, stellen wir im mittleren Alter fest, dass der einzige Hauptgrund für die Abweichung vom Ideal im wirklichen Leben unsere Neigung zur Erkältung ist. Fast alle unsere Freuden hängen mit dieser Wahrscheinlichkeit zusammen, denn wenn wir erkältet sind, sind wir viel zu dumm, Freude zu bereiten oder zu genießen. Und es gibt keine Philosophie, die mit Erkältungen verbunden ist. Schwere Krankheiten sind voller Belehrung und Resignation, aber wer denkt schon daran, sich mit einer Erkältung abzufinden oder sie gewinnbringend zu nutzen?

„Kühl" ist ein Wort, das in den letzten Jahren in den Lippen der Menschen mittleren Alters häufig vorkommt und eine beklagenswerte Bedeutung hat. Sie haben Angst vor dem Frost und Schnee, den sie einst so sehr genossen haben, und sie leiden wirklich viel mehr, als sie sich eingestehen wollen.

Das belebendste und anregendste aller Klimazonen ist 64°, aber wenn das Glas auf 50 ° fällt, sind frierende Menschen unglücklich; Sie verspüren überall Zugluft, besonders im Gesicht, und sehr wahrscheinlich die ersten Symptome eines neuralgischen Anfalls. Bei 40 °C – das muss die Wintertemperatur in Innenräumen unserer Vorfahren gewesen sein – werden sie gereizt und frösteln und verlieren jegliche Energie. Wenn die Temperatur unter 30 °C sinkt , „erkälten" sie sich und zeigen die gesamte geistige Trägheit und viele körperliche Symptome einer Grippe, die sie jedoch nicht befallen hat.

Lassen Sie uns sofort eine Wahrheit zugeben: Die Jungen und Robusten verachten die Kälte wegen ihrer Kälte, denn es gibt so etwas wie körperlichen Stolz, und das ist in Familien eine sehr unangenehme Sache. Diese physischen Pharisäer empfehlen immer den Prozess des „Aufrauens" und „Verhärtens" und würden gerne die Kaltwasserfolter der Vergangenheit für die armen Kranken wiederbeleben.

Ohne sich dessen bewusst zu sein, sind sie grausam. Unterkühlte Menschen werden durch die unsympathischen Bemerkungen von Menschen mit schnellerem Blut nicht besser. Es nützt nichts, ihnen zu versichern, dass die Kälte gesund und der Jahreszeit entsprechend sei. Sie empfinden den halb im Scherz liegenden Vorwurf der „Verhätschelung" deutlich , obwohl sie vielleicht zu träge und elend sind, um sich zu verteidigen.

Als Abhilfe wird immer kräftiges Gehen empfohlen. Viele können es nicht ertragen. Andere geben sich lobenswerterweise die Mühe, dem Rezept zu folgen, und verspüren dabei vielleicht einen Schimmer von Wärme, der ihnen im Haus – obwohl das Haus durch und durch gewärmt ist – fremd ist.

Aber eine halbe Stunde nach ihrer Rückkehr nach Hause hat sich das Leben wieder gelegt, und sie sind genauso fröstelnd und nervös wie zuvor.

Dennoch haben sie eine Erfahrung gemacht, die, wenn sie darüber nachdenken, ihre Erleichterung, wenn nicht sogar ihre Heilung bedeutet. Im Freien hielten sie es für notwendig, ihre Füße mit warmen Strümpfen und dicken Stiefeln zu bedecken, den Kopf mit einer Haube und einem Schleier, ihre Hände mit Handschuhen und einem Pelzmuff, ihren Körper mit etwas Fell oder wattiertem Kleidungsstück von einer Dicke von einem halben Zoll . Kurz gesagt, wenn sie hinausgingen , ahmten sie die Natur nach und schützten sich wie die Tiere.

Aber sobald sie nach Hause zurückkehren, entblößen sie Kopf und Hände, ersetzen die warme, schwere Kleidung an den Füßen durch elegantere, aber weitaus kältere Kleidung und ziehen die dicke warme Kleidung, die sie im Freien tragen, vollständig aus. Ein Bär, der den gleichen Weg einschlagen würde, wenn er nach Hause in seine gemütliche unterirdische Höhle geht, würde natürlich an einer Lungenkrankheit sterben. Nationen, die langen und strengen Wintern ausgesetzt sind, haben den natürlicheren und besseren Weg gelernt. Der Lappländer behält seinen Pelz, der Russe sein wattiertes Gewand, der Tatar sein Schaffell, der Shetländer geht in seinem Haus in seiner Wadmal umher. Nur in unserer Hochkultur entledigen sich Männer und Frauen der Hälfte ihrer Kleidung, wenn das Thermometer unter Null ist, und rennen dann zum Feuer, um ihre eiskalten Hände und Füße zu wärmen.

Wenn uns warme Kleidung außerhalb des Hauses schützt, wird sie das auch im Haus tun; und es ist nicht „verhätschelnder" und viel vernünftiger und befriedigender, als sich über ein Gitter zu kauern. Unter dem Kopfschmuck ist eine seidene Schädeldecke ein höchst wirksamer Schutz gegen Zugluft und würde so manchem Anfall von Neuralgien vorbeugen. Eine Weste aus Seide oder Waschleder hält den Körper auf einer gleichmäßigeren Temperatur als das beste Feuer. Für die meisten Damen mittleren Alters ist ein Schal auch im Haus ein elegantes Toilettenaccessoire und kann viel Wärme speichern und abgeben. Wenn es nach dem Entfernen der äußeren Bandagen oder aus anderen Gründen sehr kalt ist, tragen Sie einen wattierten Morgenmantel über der üblichen Kleidung. In fünf Minuten wird der zusätzliche Komfort spürbar sein.

Das Geheimnis besteht also darin, den Körper im Haus durch ausreichend warme Kleidung auf der richtigen Temperatur zu halten, anstatt sich auf eine künstlich erwärmte Atmosphäre zu verlassen. Niemand ist anfälliger dafür, sich aus dem Haus zu erkälten, weil es ihm im Haus warm war. Es hat keinen größeren Sinn, drinnen zu zittern, um den Körper auf das

Klima im Freien vorzubereiten, als wenn man mit zu wenigen Decken schläft, weil man befürchtet, das Kältegefühl beim Aufstehen zu verstärken.

Ein stickiger Raum mit ständig auf 75 °C erhitzter Luft ist die wirksamste Erfindung, die jemals zur Schädigung der Gesundheit erfunden wurde. Aber es ist ebenso wahr, dass *gewohnheitsmäßige Wärme* der beste Erhalter der konstitutionellen Stärke im mittleren und hohen Alter ist; und dies wird zweifellos am besten durch eine Temperatur von 68° und viel Kleidung aufrechterhalten.

Eine sehr wichtige Hilfe zur Wärme ist eine richtige Ernährung. Viele Frauen, die ständig unter einem Gefühl der Kälte leiden und nicht in der Lage sind, ein gesundes Leben zu führen, verfügen dennoch ständig über eine Fülle nahrhafter Nahrung. Aber sie essen an einem Tag zu einer Stunde, am nächsten zu einer anderen; Es ist ihnen egal, was sie essen, und sie nehmen alles, was ein leichtsinniger Koch ihnen schickt; Sie warten auf jemanden , wenn sie selbst hungrig sind, aus bloßer häuslicher Höflichkeit; und wenn ihre Männer nicht zu Hause sind , nehmen sie Tee und Kekse mit, weil es sich nicht lohnt, den Dienern die Mühe zu machen, für sie allein zu kochen. Auf all diese und viele ähnliche Arten geht ständig die Vitalität verloren, und mit jedem Vitalitätsverlust kommt es zu einem entsprechenden Anstieg langsamer, kühler, zitternder Trägheit.

Es ist ein großer Fehler, dass Frauen von Kindheit an beigebracht wird, dass es für ihr Geschlecht ein Verdienst sei, ihre eigenen Wünsche zu verbergen und ihre eigene Bequemlichkeit auf die ihrer Väter, Brüder, Ehemänner und sogar Diener zu schieben. Denn am Ende brechen sie zusammen und bleiben in einem schlechten Gesundheitszustand zurück, in dem alle Räder des Lebens langsamer laufen. Das Problem besteht, um es in einem Satz zu sagen, darin, dass Frauen *keine Frauen haben* – niemanden, der sie daran erinnert, wenn sie Zugluft haben oder mit nassen Füßen hereinkommen, niemanden, der ihnen ein warmes Getränk bringt, wenn es kalt ist, und niemanden, der sie vor den kleinen Übeln schützt (die bald zu großartigen werden) durch liebevolle, rücksichtsvolle, ständige Fürsorge und Aufmerksamkeit.

Alle Frauen wissen, wie schwer es ist, das übliche Leben voller Arbeit und Vergnügen in einer körperlichen Verfassung zu führen, die weit unter den erforderlichen Kräften liegt. Nichts löst diesen Zustand so sehr aus wie chronischer Schüttelfrost. Darin kann keine Lebenskraft gewonnen werden und sehr viel kann ständig verloren gehen. Daher sollte jeder Plan ausprobiert werden, der verspricht, die Temperatur auf ein gesundes Niveau anzuheben. Probieren Sie die Wirkung eines auf 68 °C beheizten Raumes und ausreichend warmer, konstant warmer Kleidung.

Eine kleine Frage des Geldes

„ Es IST unangenehm, kein Geld zu haben", sagt Herr Hazlitt; in der Tat ist es zu einer Art gesellschaftlichem Vergehen geworden, in dieser Hinsicht mangelnde Tugend zu haben; denn sowohl auf nationaler als auch auf persönlicher Ebene wollen wir eine so tragische Katastrophe nur ungern bekennen. Wir können behaupten, dass wir mit Essen und Kleidung zufrieden sind und dass wir nicht den Gefahren und Fallstricken eines riesigen Reichtums begegnen würden; Aber sind wir ganz sicher, dass diese Demut und Zufriedenheit nicht ein guter Name dafür ist, zu faul zu sein, Geld zu verdienen, oder zu verschwenderisch, um es zu behalten? Nochmals: Wenn alle mit der einfachen Befriedigung ihrer Bedürfnisse zufrieden wären – wenn niemand reich sein wollte – wäre niemand fleißig oder sparsam oder würde danach streben, sich Wissen anzueignen. Wer würde dann unsere Kirchen bauen und unsere Hochschulen ausstatten? Wer würde Missionare aussenden und Wissenschaft und Erfindungen fördern? Die goldenen Trauben mögen außerhalb unserer Reichweite sein, aber sie sind eine edle Frucht, wenn sie von freundlichen Händen gepresst werden, und sie haben der Welt gnädig ihren Wein des Trostes geschenkt.

Tatsache ist, dass wir an einer Zeit angelangt sind, in der der Mangel an Geld ein ebenso schlimmes moralisches Problem darstellt wie die Liebe dazu. Letztere Position ist eine anerkannte Wahrheit; Ersterer fängt gerade erst an, seine Ansprüche den bekennenden Moralisten bekannt zu machen. Welche besondere Tugend auch immer in der Armut lag, scheint in direktem Widerspruch zum Geist der Gegenwart zu stehen; denn es besteht kein Zweifel daran, dass weltlicher Wohlstand mittlerweile als eine der legitimen Früchte des Evangeliums angesehen wird. Die moderne Kirche streckt ihre Hände aus und ergreift die Verheißung des gegenwärtigen und künftigen Lebens. Warum nicht? Geld verleiht eine Macht, Gutes zu tun, die mit nichts Materiellem vergleichbar ist. Sogar „Die Wahrheit" ist jetzt auf die Währung angewiesen, und die evangelischsten Gesellschaften bezahlen sowohl Schatzmeister als auch Missionare.

Der Geldbetrag in der Tasche eines Mannes ist ein großer moralischer Faktor. Wer reichlich Bargeld hat und nicht gutmütig ist, braucht eine gründliche Veränderung, und nichts als die Wiedergeburt wird ihn heilen. Aber der Mensch, der sich in einem chronischen Zustand der Armut befindet, ist ein Mensch, der sich in selbstsüchtigen Beziehungen zu allen Menschen um ihn herum befindet. Wie schwer ist es für so jemanden, großzügig, gerecht und mitfühlend zu sein! Er ist fast gezwungen, seine Mitgeschöpfe mit dem Auge eines Sklavenhändlers zu betrachten und zu überlegen: Wie können sie mir nützen? Was kann ich dadurch gewinnen? Er muss wegen des Geldes heiraten oder nicht aus Geldmangel heiraten. Seine Freundschaft ist eine Art Verkehr. Seine Religion ist Gegenstand von Überlegungen, denn entweder wird er wegen einer bestimmten Verbindung in die Kirche gehen, oder er wird wegen der Kollekten überhaupt nicht gehen.

Nun gibt es im Christentum eine Fülle lebendiger Kraft, um diesem und allen anderen besonderen Bedürfnissen unserer Zeit gerecht zu werden. Es besteht kein Zweifel, dass Geld das Prinzip unserer sozialen Anziehungskraft ist, und wir brauchen Prediger, die keine Angst haben, uns die Wahrheit zu sagen, auch wenn sie noch nie zuvor auf diese bestimmte Weise gesagt wurde . Wir akzeptieren ohne Einwände alles, was über die Übel der Geldliebe gesagt wurde; Werden uns einige unserer spirituellen Lehrer sagen, wie wir das Übel vermeiden und die moralische und körperliche Belastung heilen können, die durch Geldmangel verursacht wird? Dass es sich hierbei um ein gigantisches Übel handelt, finden wir in den Tageszeitungen ständig unter Beweis; in Mord, Diebstahl, Selbstmord, häuslichem Elend und Grausamkeit. Diese Kriminellen werden seltener von Geldliebe als von Geldmangel beeinflusst. Hätten sie, statt keinen Dollar zu haben, genug für das Nötigste gehabt, wären sie dann solche Risiken eingegangen, hätten solche Schuldgefühle auf sich genommen, ihr Leben auf eine verzweifelte Chance gesetzt und es in verzweifeltem Elend weggeworfen?

Natürlich ist das Wort „ausreichend" sehr dehnbar. Es kann so gemäßigt und gemäßigt sein; und wieder kann es nach Unmöglichkeiten greifen. „Meine Wünsche", sagte der Graf Mirabel, „sind gering: ein schönes Haus, schöne Kutschen, schöne Pferde, eine komplette Garderobe, die beste Opernloge, den ersten Koch und viel Taschengeld – das ist alles, was ich brauche." " Er hielt seine Wünsche für sehr gemäßigt; So tat es auch der Schotte, der um eine bescheidene Kompetenz betete und hinzufügte: „Und damit es keinen Fehler gibt, lass es siebenhundert Pfund pro Jahr sein, vierteljährlich im Voraus bezahlt." Mit dieser Frage sind in der Tat alle möglichen Schwierigkeiten verbunden , und jeder kann sich in sie hineinversetzen. Aber es muss auch einen Ausweg geben; und wenn unsere Führer den Boden ein wenig untersuchen würden, würden sie unseren Dank verdienen und erhalten. Denn zweifellos ist dieser Mangel an Geld ein ebenso großer Anstoß zur Sünde wie die Liebe dazu. Ein leerer Geldbeutel ist genauso voller böser Gedanken wie ein böses Herz; und der Vater , der dem Menschen sieben Schutzengel zuteilte und fünf davon um seine Taschen – leer oder voll – schweben ließ, kannte seine verwundbarsten Punkte genau.

Mission von Wohnmöbeln

HABEN Holz, Papier und Polster wirklich eine moralische und emotionale Wirkung?

auf jeden Fall . Vielleicht nicht sehr offensichtlich, aber in ihrem Charakter alles durchdringend und immer beständig; denn es gibt keinen Tag – kaum eine Stunde – unseres Lebens, an dem wir nicht passiv oder bewusst ihren Einflüssen ausgesetzt sind. Unser Verlangen nach Eleganz der Form, dem Schimmer und Schimmer von Licht und Farbe erhebt und zivilisiert uns unmerklich; und die Männer und Frauen, die zur Monotonie kahler Wände und einer unmalerischen Umgebung verurteilt sind – seien es Gläubige in Zellen oder Schwerverbrecher in Kerkern –, sind aufgrund des Mangels an diesen Dingen umso weniger menschlich. Der Mangel ist also ein direktes moralisches Übel und eine Ursache für Unvollkommenheit.

Der Wunsch nach einer schönen Umgebung ist ein natürlicher Instinkt eines reinen Geistes. Wie hartnäckig Menschen, die in tristen Straßen leben und nie einen Sonnenaufgang, keinen Berggipfel oder einen ununterbrochenen Horizont sehen, daran festhalten, beweist auf allen Seiten von uns die Bildhaftigkeit, die manche Mechanikerfrau ihren kleinen Zwölfjährigen verleiht. Quadratmeter große Räume. Und es ist wunderbar, mit welch feinen Materialien sie diesen Hunger des Auges nach Schönheit und Farbe stillen wird. Ein paar glänzend polierte Dosen, die vielfarbigen Patchwork-Bettdecken und Kissen, die bunten Streifen im Flickenteppich, der Topf mit hängendem Efeu oder scharlachroten Geranien, der glänzende schwarze Ofen mit seinem Schimmer und Schein von Feuer und Hitze sind daraus gemacht ein subtiler Charme der Anordnung, der sowohl zufriedenstellend als auch suggestiv ist.

Trotz aller Argumente über die Ökonomie der „Unterbringung": Wer respektiert nicht die Männer oder Frauen, die unter großen Opfern eine Pension meiden und sich ein Zuhause schaffen?

Ein Mann ohne Zuhause hat einen Anker weggeworfen; eine Atmosphäre der Unsicherheit umgibt ihn; er wirbt für seine Tendenz , sich von heilsamen Zwängen zu lösen . Die Kraft dieses häuslichen Einflusses wird jetzt so stark wahrgenommen, dass die weisesten unserer Kaufleute sich weigern, Jungen und Frauen ohne Zuhause zu beschäftigen, während die allgemeine Präferenz auf Männer fällt, die das Oberhaupt des Hauses übernommen und somit als Geisel der Gesellschaft gegeben haben für ihr gutes Benehmen.

Aber ein Haus ist erst dann ein *Zuhause* , wenn es gefegt und geschmückt ist, und es enthält nicht nur das Nötigste, um den Körper zu erfrischen, sondern auch etwas, das das Herz tröstet, den Geist erhebt und das Auge erfreut.

Wenn wir die moralische Kraft von Möbeln angemessen einschätzen möchten, sollten wir uns überlegen, wie sehr wir uns an sie binden können. Es gibt Stühle, die für uns heilige Gegenstände sind: der große, einfache, auf dem ein Heiliger geduldig saß und auf die Engel wartete; der kleine Hochstuhl, der der Thron eines süßen Babys war, bis es „eines Morgens wegging"; der niedrige Schaukelstuhl, in dem die Mutter die ganze Familie aus kräftigen Söhnen und liebenswerten Töchtern pflegte.

Fragen Sie jeden geübten Studenten oder Schriftsteller , wie sehr er seinen alten Schreibtisch mit seinen aufgeräumten Schubladen und den vertrauten Annehmlichkeiten liebt. Gibt es zwischen ihnen nicht manches Geheimnis, das sie nur verstehen? Sind sie nicht bekannt? Könnten sie ohne große Trauer und Bedauern getrennt werden? Nichts ist sicherer, als dass wir der toten Materie einen Stempel aufdrücken und ihr eine Art Leben verleihen. Gibt es ein erbärmlicheres Bild als das von Dickens' Arbeitszimmer nach seinem Tod? Dennoch ist keine menschliche Figur vorhanden; Es gibt nichts als Möbel, den Schreibtisch, auf dem er diese wunderbaren Geschichten geschrieben hat, und den leeren Stuhl davor.

Nichts als der leere Stuhl und der vertrauliche Schreibtisch sprechen für den toten Meister; aber wie eloquent machen sie es!

Unsere Möbel sollten daher einfach und vertraut sein. Wir können unser Herz nicht dem Unbequemen hingeben, egal wie urig oder reichhaltig es auch sein mag. Und obwohl es immer angenehm ist, Farben und Formen mit perfektem Geschmack zusammengestellt zu haben, ist es nicht wünschenswert, dass die Wirkung so perfekt ist, dass wir Angst haben, sie zu nutzen, um sie nicht zu zerstören. Kein Möbel sollte so schön sein, dass wir es nicht wagen, ein Feuer anzuzünden, aus Angst, es zu verrauchen, oder die Sonne hereinzulassen, aus Angst, es könnte verblassen. In solchen Räumen faulenzen und lachen und essen und ruhen und leben wir nicht – wir existieren nur.

Der eigentliche Charakter von Salons ist der von Fröhlichkeit und Heiterkeit. Dies wird durch helle Tönungen, leuchtende Farben und Vergoldungen erreicht; Aber die leuchtendsten Farben und die stärksten Kontraste müssen auf den Möbeln sein, nicht auf den Wänden und Decken. Diese müssen in der Farbgebung untergeordnet sein, sonst wird die Wirkung theatralisch und vulgär.

Das Esszimmer sollte eines der angenehmsten im Haus sein; aber es ist in der Regel im Keller. Es sollte ein Raum sein, in dem uns nichts an Arbeit oder Anstrengung erinnert, denn wir sind dorthin gegangen, um zu essen und uns zu erfrischen. Ein paar Blumen, eine Schale mit Früchten, schneeweißes Leinen und Porzellan , glitzerndes Glas und Silber, eine angenehme Mischung aus warmen und neutralen Farbtönen sind unerlässlich. Als Schmuck eignen sich am besten seltenes Porzellan , indische Vasen, orientalische Gläser, die an feine Gurken oder seltene Süßigkeiten erinnern, und ein paar Bilder an den Wänden, die nur angenehme Motive darstellen und groß genug sind, um ohne Anstrengung untersucht zu werden.

Die Vorteile der Lokalität werden von einem kultivierten Gast stets wahrgenommen und genutzt. So speiste ich oft mit einer Dame und einem Herrn, die im Frühling immer die Position des Tisches veränderten, so dass sie beim Essen durch die großen offenen Fenster schauen und die wehenden Apfelblüten sehen und die parfümierte Luft einatmen konnten Lauschen Sie den Abendliedern der Vögel. Schlafzimmer sollten hell, sauber und freundlich sein; Es sind größere Kontraste zwischen dem Raum und den Möbeln zulässig, da das Bett und die Fenstervorhänge eine ausreichende Masse bilden, um einen Farbton gleicher Intensität auf den Wänden auszugleichen. Aus dem gleichen Grund sind bunte und helle Teppiche oft angenehm und dekorativ.

Treppenhäuser, Lobbys und Vorräume sollten einen kühlen Ton, schlichte Farben und keine Kontraste haben. Dabei sollen die Effekte nicht durch Farbe, sondern durch Licht und Schatten erzeugt werden. Jedem dürfte aufgefallen sein, dass manche Häuser schon beim Öffnen der Türen hell und fröhlich wirken, während andere melancholisch und trist wirken. Der Unterschied entsteht durch den guten oder schlechten Geschmack, mit dem sie tapeziert werden. Doch wer kann sagen, welche Ereignisse aus so einer einfachen Sache wie den ersten Eindrücken eines wichtigen Besuchers entstehen können ? Und diese Eindrücke können unwillkürlich ihren Urton durch ein helles, heiteres oder trübes, dunkles Flurpapier erhalten.

Alle für die Öffentlichkeit zugänglichen Räume müssen eine gewisse konventionelle Atmosphäre haben; Aber der Salon in jedem Zuhause sollte ein Raum voller Charakter und Individualität sein. Hier ist das eigentliche Heiligtum und Heiligtum der Laren und Penaten. Hier ist der Stuhl und die Strickwaren der Großmutter, der Arbeitskorb der Mutter und das Sofa, auf dem Papa faulenzt und seine Abendzeitung liest. Hier sind Annies Blumen und Marys Staffelei und Jacks oft missbrauchte Klassenbücher. Hier üben die Mädchen und die Jungen bauen ihr Schiff auf, und Mama blickt ernst auf die Hausbücher. In diesem Raum liegen die Bildpapiere herum, jeder Lieblingsband liegt auf dem Tisch und die Wände sind den Familienporträts heilig. In diesem Raum werden die Familienräte abgehalten und die lieben Invaliden wieder zum Leben erweckt. Hierher kommen die Jungen, um sich zu verabschieden, wenn sie zur Schule oder zur Arbeit gehen. Hier kommen die Mädchen in ihren fröhlichen Partykleidern, um Papas letzten scherzhaften Kuss und Mamas letzte Bewunderung und Ermahnung zu empfangen. Ach, dieses Zimmer! – dieses teure, unordentliche, unmoderne Wohnzimmer! Es ist die Zitadelle des Haushalts, das Herzstück *des Hauses* .

Niemand kann den Einfluss leugnen, den das Elternhaus auf sie hat, nicht einmal bis in ihre grauen Haare hinein; Die Erinnerung an einen glücklichen, behaglichen Menschen ist besser als ein Erbe. Die Mädchen und Jungen, die es verlassen, müssen ein positives Ideal verwirklichen. Es gibt keine Spekulation über ihre Bemühungen; Sie *wissen* , dass ihr Zuhause „Sweet Home" ist. Aber in all ihren Vorstellungen nehmen Stühle, Tische, Vorhänge und Teppiche einen herausragenden Platz ein. Dieses Leben ist alles, womit wir der Ewigkeit entgegensehen können, daher ist nichts, was es berührt, von geringer Bedeutung. ItEine angenehme und angemessene häusliche Umgebung ist für den Körper etwas, viel mehr für den Geist. Gibt es jemanden, dessen Gefühle und Energie nicht durch einen kalten, ungemütlichen, unaufgeräumten Raum beeinträchtigt werden? Und wer verspürt im Schein eines hellen Feuers und in der gemütlichen Atmosphäre einer hübsch eingerichteten Wohnung nicht eine positive Stimmungsaufhellung?

Gott hat uns in dieser Hinsicht nicht dazu gebracht, unterschiedlicher Meinung zu sein. Ein angenehmes Zuhause ist der Traum und die Hoffnung eines jeden guten Mannes und jeder guten Frau. So wie Traddles und seine liebe kleine Frau sich damit vergnügten, in den Schaufenstern das ersehnte Silberservice auszusuchen, so legen auch viele ehrliche, hoffnungsvolle Werktätige lange, bevor sie sie besitzen, auf die Stühle und Vorhänge fest, die ihre Häuser schmücken sollen. Der Traum und das Objekt stellen für sie einen großen moralischen Gewinn dar. Vielleicht haben sie noch andere, aber es ist genauso gut möglich, dass der Besitz dieser Möbel die Voraussetzung dafür ist, dass höhere Möbel möglich werden.

Verlassen Sie sich darauf: „Eine Gesellschaft zur verbesserten Einrichtung der Häuser armer Männer" wäre ein Schritt im Siebenmeilenstiefel zur *Verbesserung des Lebens armer Männer und Frauen* .

Menschen mit guten Impulsen

ES gibt einen Rohstoff in der Menschheit – oft einen sehr rohen –, der Impuls oder Begeisterung genannt wird; und manche Menschen sind sehr stolz darauf, diese krampfartige Exzellenz zu besitzen. Sie reden leichtfertig von ihren „guten Impulsen", ihren „edlen Impulsen", ihren „großzügigen Impulsen", aber Tatsache ist, dass die meisten Impulse weder gut noch edel sind; Dabei sind sie von allen Ratgebern in menschlichen Angelegenheiten die fragwürdigsten. Denn Impulse entstehen nicht durch feste Prinzipien, sondern vielmehr durch eine lockere Denkgewohnheit – ein Geist, der einfach dahintreibt und bereit ist, jeden neuen Vorschlag als „Impuls", als „Inspiration", als „Befehl" anzunehmen. Wir glauben viel zu leicht dem Gerede über Emotionen und unberechenbare Genialität und lassen uns von wählerischen, impulsiven Menschen aufdrängen ; denn wenn wir überhaupt mit solchen verbündet sind, ist es unmöglich, der Auferlegung zu entgehen; denn wir müssen genug Geduld für zwei haben und tragen daher eine unangemessene Last an Höflichkeit und guten Manieren.

Man könnte sagen, dass eine solche Disziplin nicht zu verachten ist und zu einer Lektion spiritueller Gnade werden könnte. Aber wenn wir nicht krank sind, warum sollten wir dann Medikamente einnehmen? Lektionen, die Gott uns gibt, er hilft uns zu lernen, aber es gibt keine Versprechen für diejenigen, die sich selbst Buße auferlegen. Und es ist eine Buße, mit impulsiven, wählerischen Menschen Umgang zu haben; denn so gut ihre Impulse auch sein mögen, sie sind – was edle, dauerhafte Arbeit anbelangt – einfach nirgendwo anders als gut durchdachte Pläne, ausgeführt von kühlen, konsequenten Leuten, die wissen, was getan werden kann, und es tun, – einfach nächstes Jahr genauso viel wie dieses Jahr; an einem Ort genauso gut wie an einem anderen.

Prediger des Evangeliums kennen diese Tatsache vielleicht besser als jeder andere Sterbliche. Sie finden ständig heraus, wie unsicher die Quantität ist, auf die sich gute Impulse verlassen können. Denn sie haben nicht die Angewohnheit, sich in guten Taten niederzuschlagen; sie sind vergängliche Anwärter auf Gerechtigkeit; Sie erzählen schmeichelhaftere Geschichten als jemals zuvor. Allzu bald entdeckt der praktische, ruhige Geistliche, dass Impuls und Enthusiasmus nur rudimentäre Tugenden sind und selten für eine wirkliche, gute Arbeit verfügbar sind. Die Männer im Dienst, sei es in geistlicher oder weltlicher Arbeit, sind Männer, die durch nichts gehetzt oder aufgeschreckt werden; die nie in Eile und nie zu spät sind. Sie sind keine impulsiven, sondern rücksichtsvollen Männer. Egal, ob sie eine Predigt halten oder einen bedeutsamen Termin wahrnehmen, ein hohes Amt oder eine Geldsumme bekommen oder einfach nur einen Expresszug erwischen wollen, sie sind absolut cool und immer pünktlich. Natürlich halten impulsive Menschen Termine ein und steigen in den Zug, aber was für ein Aufhebens machen sie darum!

Unglücklicherweise sind ruhige, großartige Naturen nicht von einheimischem Wachstum, und wir tun nicht alles, was wir können, um sie zu kultivieren. Wenn wir uns mehr Zeit zum Nachdenken nehmen würden, wären wir weniger impulsiv, vernünftiger und weniger oberflächlich. Wenn wir uns weniger beeilen würden, müssten wir schneller sein. „Langsam und sicher das Rennen gewinnen" ist ein Sprichwort, das eine große Wahrheit verkörpert. Pingelige, impulsive Menschen kommen den Dingen nie auf den Grund, fällen nie ein unvoreingenommenes Urteil, sind nie Herr einer schwierigen Situation; denn die Fähigkeit zur Überlegung, zur Abwehr persönlicher Vorlieben und Abneigungen, zum Warten, zu wissen, wann man warten und wann man handeln muss – sind Kräfte, die unweigerlich mit einem kühlen Kopf und einem klaren, ruhigen Willen verbunden sind. Aber keine dieser großartigen Eigenschaften entspringt dem Ruf eines Impulses. Selbst gute Impulse haben keinen praktischen Wert, bis sie sich in guten Taten niederschlagen. Ohne dieses Ergebnis kann der Impuls oder die Absicht, große Dinge zu tun, eine ernsthafte spirituelle Gefahr darstellen; die Seele kann sich mit ihren Impulsen und Absichten zufrieden geben und auf ihnen ruhen; Vergessen, welcher Ort des wirkungslosen Bedauerns mit guten Absichten gepflastert ist.

In gewissem Sinne ist es wahr, dass die Fähigkeit, Dinge auf eine kühle, praktische Art anzugehen, oft eine Frage des Pulses ist, und so viele Schläge, mehr oder weniger, pro Minute, machen einen Menschen wählerisch oder gelassen. Aber es gilt nur in Maßen. Voraussicht und Vorbereitung – sich darüber im Klaren zu sein, was wahrscheinlich passieren wird und was am besten zu tun ist – sind eine große Hilfe, um einen kühlen Kopf zu bewahren. Auch der Wille kann Wunder bewirken. Ich glaube an den Willen, weil ich glaube, dass der menschliche Wille Gottes Gnade ist. Diejenigen, die sagen: „Ich kann nicht", sind diejenigen, die denken: „Ich werde nicht." Darüber hinaus gibt es himmlische Mächte, die darauf warten, unseren Gebrechen zu helfen. Paulus zögerte nicht, für die Beseitigung seines körperlichen Gebrechens zu beten, und die „ausreichende Gnade", die ihm versprochen wurde, wird uns ebenso großzügig geschenkt. Tatsächlich kann ich die Frage hier ruhen lassen, denn das ist unser großer Trost: Man kann nicht genug über die göttliche Hilfe sagen. Es wird alle in vollkommenem Frieden bewahren, die darauf vertrauen.

Zu Tode besorgt

ZU sagen: „Wir sind zu Tode besorgt" ist ein gängiger Ausdruck; Aber begreifen wir wirklich die schreckliche Wahrheit dieser Bemerkung? Sind wir uns darüber im Klaren, dass die Hunde der Sorge, der Angst und der ärgerlichen Unfähigkeit uns tatsächlich in eine Parese, Lähmung oder Demenz zerren und quälen können und uns praktisch zu Tode beunruhigen, wie ein Collie ein Schaf oder eine Katze eine Maus beunruhigt? ? Und doch, wenn wir christliche Männer und Frauen sind, ist die Sorge einfach das Einzige, was nicht nötig ist; denn in der Bibel gibt es mehr als sechzig Mahnungen dagegen; und der Boden wird von ihnen so gut abgedeckt, dass zwischen dem ersten „Fürchte dich nicht" und dem letzten jede unnötige Angst befriedigt wird und es keinen legitimen Grund mehr gibt, sich Sorgen zu machen.

Machen wir uns Sorgen wegen Fleisch- und Geldangelegenheiten? Uns wird gesagt, wir sollen „auf die Vögel des Himmels achten; Sie säen nicht, sie ernten nicht und sammeln nicht in Scheunen; doch dein himmlischer Vater ernährt sie. Seid ihr nicht viel besser als sie?"

Haben wir einen bösartigen Feind, den wir bekämpfen müssen? Keine Angst! „Wenn Gott für uns ist, wer kann dann gegen uns sein?"

Sind wir traurig? „Ich, ich bin es, der euch tröstet ."

Befinden wir uns im Zweifel und in der Ratlosigkeit? „Ich werde die Blinden auf einem Weg führen, den sie nicht kennen. Ich werde sie auf Pfaden führen, die sie nicht kannten. Ich werde die Dunkelheit vor ihnen erhellen und krumme Dinge gerade machen."

Befürchten wir, dass unsere Arbeit unsere Kräfte übersteigt? „Er gibt den Schwachen Kraft; und denen, die keine Macht haben, gibt Er Kraft."

Sind wir krank? Er hat versprochen, unser aller Bett in unserer Krankheit zu machen.

Haben wir Angst vor dem Tod? Er hat uns versichert, dass er im Tal und im Schatten des Todes bei uns sein wird.

Geht es nicht um uns selbst, sondern um Frau und Kinder, die ohne Unterstützung und Schutz dastehen? Selbst für diese letzte Sorge ist gesorgt. „Überlasse mir deine vaterlosen Kinder und lass deine Witwen auf mich vertrauen, und ich werde sie am Leben erhalten."

Wenn wir wirklich glauben, dass Gott diese Versprechen gemacht hat, wie beschämend ist dann unser Misstrauen! Glauben wir, dass Gott sein Wort nicht halten wird? Zweifeln wir an seinem guten Willen uns gegenüber?

Wenn Er sagt, dass Er dafür sorgen wird, dass alles zu unserem Besten zusammenwirkt, belügt der Heilige dann unsere traurigen Herzen? Vor dreißig Jahren war ich angesichts dieser Zusicherungen Gottes hilflos, mittellos und ohne Freunde. und in dreißig Jahren hat er nie ein Versprechen gebrochen. Er ist ein Gott, der sowohl Barmherzigkeit als auch Wahrheit bewahrt . Ich glaube an seine Güte. Ich vertraue auf seine Fürsorge. Ich würde Ihm nicht aus Sorge ins Gesicht sagen, dass Er entweder nicht die Macht oder den guten Willen hat, mir zu helfen und zu trösten.

Besorgniserregende Menschen leben unter sehr niedrigem Himmel. Sie lassen keine Wahrscheinlichkeiten und „Geschenke des Himmels" zu. Sie lassen nichts zu, um durch den Glauben zu gehen. Alle Zeiten und alle Orte versorgen sie mit Material. Im Sommer sind es die Hitze und die Hunde und die Hydrophobie. Im Winter ist es die Kälte und der Kohlepreis. Sie nehmen all das Licht und den Komfort aus den Freuden zu Hause; und im Ausland sind ihre Beschwerden endlos. Dennoch nützt es wenig, mit Besorgniserregenden zu diskutieren; Überzeugen Sie sie an jedem Punkt, und im nächsten Moment kehren sie zu ihrem alten, erschwerenden, verdunstenden *Credo zurück* .

Was bleibt ihnen dann übrig? Sie müssen zu Gott beten und sich selbst helfen. Egoismus und Egoismus liegen allen Sorgen zugrunde. Wenn sie sich nur daran erinnern, dass es keinen Grund gibt, warum sie von den allgemeinen Prüfungen der Menschheit ausgenommen werden sollten, könnten sie sofort eine höhere Ebene betreten; denn selbst Sorgen werden menschlich, wenn sie nicht mehr rein egoistisch und persönlich sind.

Normalerweise sind es die untätigen Menschen, die sich Sorgen machen. Männer und Frauen, deren jede Stunde voller ernster Geschäfte ist , versuchen nicht, zwei Stunden Pflege und Gedanken in einer zu vereinen. Sogar eine positive Verletzung oder Ungerechtigkeit lässt einen ehrlich beschäftigten Mann leicht fallen. Er hat keine Zeit, eine Liste seiner Fehler zu führen und sich darüber Sorgen zu machen. Er legt seine Fürsorge einfach auf den, der versprochen hat, für ihn zu sorgen – für seine Gesundheit, seinen Reichtum, sein Glück und seinen guten Namen; für alle Ereignisse seines Lebens und für alle Hoffnungen seiner Zukunft.

Besorgte Menschen möchten nicht, dass all die zweifelhaften Dinge, die sie über Gott gesagt haben, und all die bösartigen Dinge, die sie über die Menschen gesagt haben, niedergeschrieben werden; Außerdem denken sie vielleicht, dass sie sich oft zu Recht Sorgen machen und nur die gebührende Belohnung für eine eigene Torheit erleiden. Wäre es nicht besser, Gott zu bitten, das wiedergutzumachen, was sie falsch gemacht haben? alles Gute in der Gegenwart zu ergreifen; sich weigern, sich auf eine mögliche Veränderung zum Schlechteren zu freuen? Ich kenne einen guten Mann, der, wenn er sich über Ereignisse Sorgen machen möchte, ein Blatt Papier nimmt, seine Ängste aufschreibt und sich so „der Schwadron seiner Zweifel" stellt – wobei er im Allgemeinen feststellt, dass sie verschwinden, sobald sie sich zusammentun.

Komm, lass uns die Fröhlichkeit als Begleiter haben. Verabschieden wir uns von der Sorge. Fröhlichkeit wird uns dazu bringen, Verwirrung und Ärger zu ignorieren; und hilf uns, über sie hinauszuwachsen. Gott liebt eine fröhliche Leber; und wenn wir die Sünde und das Leid, die Armut und die Unwissenheit auf jeder Seite von uns bedenken, können wir wohl vor allen Worten Stillschweigen bewahren, außer denen der Dankbarkeit und Dankbarkeit. Sich Sorgen zu machen ist Selbstquälerei. Es bereitet sich immer „auf das Schlimmste" vor und ist dennoch nie in der Lage, es zu meistern. Fröhlichkeit ist eine Art Großmut; es hört auf keine Klagen ; es sieht Schatten aus; es verwandelt die Notwendigkeit in einen herrlichen Gewinn; und so atmen wir jedes Geschenk Gottes, die ewige Freude der Hoffnung, ein und befähigen uns, inmitten angenehmer gestern und zuversichtlicher morgen , –

Auf dem gemeinsamen Weg des Lebens reisen,

In fröhlicher Frömmigkeit.

Die Trauben, die wir nicht erreichen können

DIE Trauben, die wir nicht erreichen können, sind im Allgemeinen keine sauren Trauben; und es ist eine verabscheuungswürdige Art von Philosophie, die dies behauptet. Warum sollten wir gute Dinge verachten, weil wir sie nicht besitzen? Cicero sagt tatsächlich: „Wenn wir keinen Reichtum haben, gibt es nichts Besseres und Edleres, als ihn zu verachten." Aber diese Behauptung war im Fall von Cicero künstlich und ist heute nicht näher an der Wahrheit als vor zweitausend Jahren.

Tatsächlich spricht uns dieses Diktum in der Frage des Geldes mit großer Kraft an; Denn obwohl es wahr sein mag, dass einige der besten Dinge des Lebens nicht mit Geld gekauft werden können, ist es ebenso wahr, dass es andere gute Dinge gibt, die nur mit Geld gekauft werden können. Wenn wir also Ciceros Rat befolgen und den Reichtum verachten , wenn wir ihn nicht haben, verachten wir viele hervorragende Dinge; und nicht nur das, es bedeutet auch, die Fähigkeit zu verachten, diese hervorragenden Dinge an andere Menschen weiterzugeben. Die goldenen Trauben mögen außerhalb unserer Reichweite sein, aber wir müssen nicht sagen, dass die Früchte sauer sind; Lasst uns vielmehr dafür danken, dass es anderen gelungen ist, den reichen Jahrgang zu ernten und zu keltern und der Welt seinen tröstenden Wein gnädig zu schenken.

Ebenso ist es seit langem in Mode, eine Verachtung für den „Blasenruf" zu behaupten, sei es auf dem Schlachtfeld, im Senat, im Forum oder im Studium. Aber warum sollte man eine der großartigsten moralischen Kräfte im Universum verachten? Denn wenn ein Mensch aus sich selbst herauskommen kann, um den Erfolgen einer Idee zu folgen, wenn er sich in eine Sache verlieben kann, wenn er für ein öffentliches Wohl kämpfen kann, wenn er notfalls sein Leben für seine Überzeugung opfern kann, Der „Ruf", der einer solchen Verzichtserklärung und einem solchen Mut mit Sicherheit folgt, ist keine „Blase"; Es ist eine herrliche Tatsache – eine Tatsache, durch die das allgemeine Niveau der Menschheit gehoben und die ganze Welt vorangetrieben wird.

Ich sage nicht, dass nicht alle Menschen so glücklich sind, wie sie nur sein können, wenn sie die ein oder zwei Talente, die sie besitzen, gewissenhaft und bis zum Äußersten nutzen. Gott sei Dank! Das Leben kann in kleinen Maßen erfüllt sein. Aber wenn einem Mann oder einer Frau fünf oder zehn Talente geschenkt wurden, dann sage ich, dass sie kein Recht haben, sie zu ihrem eigenen Vergnügen zu behalten und auf so billige Gefühle wie die Hohlheit des Ruhms und den „Blasenruf" zurückzugreifen. Ruhm ist keine

Blase; Es ist eine Macht, deren wohltätige Errungenschaften viel dazu beigetragen haben, diese Welt zu einem komfortablen Wohnort zu machen.

Viele hochtrabende Maximen, die heutzutage gebräuchlich sind, haben ihre Gültigkeit verloren. Vor Jahrhunderten gab es eine Zeit, in der die Demütigungen, die jeder Aufstieg mit sich brachte, ausreichten, um eine sensible, ehrenhafte Seele abzuschrecken. Aber solche Tage sind für immer vorbei. Für jeden, der jetzt wertvolle Geschenke für die Menschheit bringt, sind die Tore geöffnet und ein breiter Eingang steht für ihn bereit. Männer und Frauen können das Zeichen setzen, das sie setzen können, und die Welt schaut mit mitfühlendem Herzen zu. Sie werden seinen „Ruf" nicht als „Blase" empfinden.

Ein weiteres schönes, windiges Thema der Warnung von „Sauertrauben"-Philosophen ist die Hohlheit der Freundschaft und die allgemeine Unaufrichtigkeit der Welt. Sie haben die Welt „durchschaut", sie wissen um all ihre Falschheit und Wertlosigkeit; und da die Welt viel zu beschäftigt ist, um ihre Behauptungen zu bestreiten oder sich zu verteidigen, wird das überlegene Urteilsvermögen dieser Klasse von Menschen nicht zu einer genauen Abrechnung gebracht. Tatsächlich erhalten die Menschen jedoch im Allgemeinen genauso viel Rücksichtnahme von der Welt und genauso viel Treue von ihren Freunden, wie sie verdienen. Ein Freund lädt uns vielleicht zum Abendessen ein, aber deshalb sollten wir nicht erwarten, dass er seine Handtasche mit uns teilt . Eine Geschmacks- und Gefühlsgemeinschaft bedeutet keine Gütergemeinschaft. Aber trotz alledem ist die Freundschaft nicht hohl, und die Trauben ihrer Gastfreundschaft sind auch nicht sauer.

Hier fällt mir vielleicht die vorherrschende Meinung auf, dass es heute auf der Welt keine solche Freundschaft mehr gibt wie früher. „Es gibt jetzt keine Davids und Jonathans mehr ", sagen die Ungläubigen der Menschheit. Sehr wahr, denn David und Jonathan gehörten nicht dem 19. Jahrhundert an. Um eine solche Freundschaft aufrechtzuerhalten, brauchen wir nicht ab und zu eine freie Stunde, sondern ein gewisses Maß an sicherer und kontinuierlicher Muße. Es bestehen immer noch gute Freundschaften zwischen Jungen in der Schule und jungen Männern auf dem College, denn sie haben viel Freizeit; und das ist notwendig, um Freundschaft zu signalisieren. Wenn wir mehr Zeit haben, werden wir mehr und stärkere Freundschaften haben.

Die Eitelkeit des Lebens, die Täuschung der Frauen, die Falschheit der Liebe, die Unmöglichkeit des Glücks, das Vergehen alles Schönen und Guten – das sind alte, alte, alte Klagetexte. Männer und Frauen reden so lange darüber, bis sie sich viel besser fühlen als der Rest der Welt; und solche Gespräche ermöglichen es ihnen, mit angemessener Verachtung auf die Heucheleien der Gesellschaft herabzusehen – das heißt auf die Heucheleien ihrer Nachbarn und nahen Bekannten – und fördern ein angenehmes, aber gefährliches Selbstwertgefühl. Die Welt ist im Großen und Ganzen eine gute Welt für diejenigen, die versuchen, gut zu sein und Gutes zu tun , und jedes Jahr wird sie besser. Wie sehr ist es in den letzten fünfzig Jahren gewachsen! Wie sympathisch, wie wohltätig, wie evangelisierend ist es geworden! Ja, tatsächlich, wenn wir uns dafür entscheiden, werden wir viel mehr gute als schlechte Herzen treffen, und die obersten Trauben sind nicht sauer.

Belastungen

ES gibt zwei Arten von Lasten – die, die Gott uns auferlegt, und die, die wir uns selbst auferlegen. Wenn Gott die Last auf den Rücken legt, gibt er uns die Kraft, sie zu tragen. Es gab nie einen Christen, der in seinen müdesten und trostlosesten Stunden nicht sagen konnte: „Seine Gnade genügt." Wenn Gott ihn anlächelt, kann er unter jeder Last, die er tragen muss, lächeln. Er kann singend den „Hügel der Schwierigkeit" erklimmen und selbstbewusst in das Land des Schattens des Todes schreiten. Denn Gottes Lasten sind leicht zu tragen; denn er geht mit uns, und wenn die Reise zu weit und die Last zu schwer ist und unsere Herzen anfangen zu versagen und schwach zu werden, wird er mit Sicherheit flüstern: „Wirf deine Last auf mich, und ich werde dich unterstützen."

Die Lasten, die schwer zu tragen sind, sind diejenigen, die wir uns selbst auferlegen. Was für eine Last für sich selbst und alle um sie herum sind die Faulen und Arbeitslosen! Wenn es sich um einen Mann handelt, sollten Gebete für seine Familie und seine Angehörigen gesprochen werden – denn wer ist so krankhaft und melancholisch, so kleinlich und ärgerlich, so von Ärger und Langeweile verschlungen wie der Mann, der nichts zu tun hat? Für ihn ist in jeder Hinsicht ein Löwe. Er steht außerhalb der Schöpfungsordnung Gottes; die geschäftige Welt hat kein Verständnis für ihn; die Gesellschaft hat keine Verwendung für ihn; Niemandem geht es im Leben besser, und niemand bedauert seinen Tod. Er ist einfach der Pilz der lebendigen, aktiven, atmenden Menschheit. Die Faulen legen eine Last auf ihren Rücken, die Menschen abschrecken würde, die gegen Winde und Wellen gekämpft, die Eingeweide der Erde durchsucht und die subtilen Kräfte von Elektrizität und Dampf an ihren Willen gebunden haben.

Die Lasten, die wir uns aufbürden, müssen wir alleine tragen. Gott wird uns nicht helfen, und Engel stehen in der Ferne; Gute Männer und Frauen sind hier nicht an die Aufforderung gebunden: „Tragt einander die Last." Der Neider, der Stolze, der Trunkenbold, der Verführer, der Nörgler, der Faule usw. müssen ihre selbst auferlegten Lasten tragen , bis sie mit ihnen zugrunde gehen.

Wenn das Himmelreich durch einen wunderbaren *Staatsstreich erobert werden könnte* , wären viele die Ersten, die jetzt die Letzten sind. Aber von großen Taten ist kaum die Rede. Sie sind in allen Gesellschaftsschichten einheimisch. Es ist ein großartiges Leben, das niemals scheitert. Ein großartiges Leben, das aus einer Vielzahl kleiner Lasten besteht, die fröhlich getragen werden, und kleinen Pflichten, die treu erfüllt werden. Und das ist eine Art christlicher Kampf, der besonders im häuslichen Bereich geführt werden soll. Mancher Professor, der in allen wichtigeren Angelegenheiten des Gesetzes und des Heiligtums treu und in den Augen der Welt tadellos ist, ist in seinem eigenen Haushalt ein Fels des Anstoßes. Seine Frau zweifelt an seiner Religion, seine Kinder fürchten ihn und seine Diener nennen ihn einen harten Herrn. Er zahlt seinen ganzen Zehnten an Minze, Anis und Kreuzkümmel an die Kirche und die Gesellschaft, aber was die kleinen Lasten seines eigenen Haushalts betrifft, ist er schlimmer als ein Zöllner.

Kleine Bürden machen die moralische und religiöse Bewährung der meisten Frauen aus, denn sie haben nur selten Gelegenheit, einen solchen Glauben und eine solche Standhaftigkeit auszuüben , die das Auge der Welt beeindrucken. Aber diese Belastungen, auch wenn sie in ihrem Wirkungsbereich scheinbar gering und begrenzt sind, sind in ihren Ergebnissen nicht nur sehr wichtig, sondern oft auch äußerst irritierend. Kränkliche, ärgerliche Kinder – unverschämte, faule Diener – ein rücksichtsloser, unregelmäßiger Ehemann – hundert andere Lasten, die so gering sind, dass sie nicht sagen möchte, wie schwer sie sie empfindet und wie sehr sie sie ermüden – das sind „ihre Kriegsführung " ; Und weil der Herr sie ihr auferlegt hat, soll sie sie nicht ertragen? Die Welt mag sie „kleine Lasten" nennen, aber in den Augen der Unendlichkeit gibt es nichts Kleines.

Auf keine Weise kann eine Frau Schönheit und Charakterstärke so gut entwickeln wie durch das geduldige Tragen und Tragen der kleinen Lasten, die jeden Tag auf sie warten – die Kopf- und Zahnschmerzen – die Müdigkeit und Schwäche, die mit ihrer Position und ihrem Zustand einhergehen. Denn es ist der Ruhm einer Frau, dass ihre Schwäche oder Müdigkeit niemals einen Haushalt in Trübsinn hüllt oder die Atmosphäre vor Ungeduld und Gereiztheit elektrisiert. Ihre Last, was auch immer sie sein mag , fröhlich zu tragen, ist kein kleiner Sieg, und solche täglichen Siege machen es leicht, den letzten großen Sieg zu erringen. Es ist schwer zu sterben, bevor wir gelernt haben zu leben; aber der Tod ist leicht für diejenigen, die das Leben besiegt haben. Für solche Menschen ist das Grab nur ein Ablegen aller Lasten, eine Ruhepause von Arbeit und Verpflichtungen, während ihre Werke der Liebe und Selbstlosigkeit ihnen doch Frucht und Segen bringen.

Wir dürfen nicht vergessen, dass es auf unserem Lebensweg Belastungen gibt, die wir uns rechtmäßig zu eigen machen dürfen. Wir können den Schwachen und Kämpfenden helfen, wieder auf die Beine zu kommen, wenn sie im Kampf ums Leben gefallen sind. Wir können diejenigen trösten, die „vom Finger Gottes berührt" wurden. Wir können den barmherzigen Samariter nachahmen, ohne das Öl und die zwei Pence zu vergessen. Wir können die Tränen aus den Augen der Witwen und Waisen wischen. Wenn wir solche Lasten tragen, werden wir uns in guter Gesellschaft befinden; denn in den Tabernakeln des geheiligten Leidens können wir dem göttlichen Lastenträger nahe kommen; und wenn wir Gnadenbotschaften weitergeben, treffen wir möglicherweise auf Engel, die den gleichen Weg gehen.